Die besonderen Versorgungsformen: Herausforderungen für Krankenkassen und Leistungserbringer

T0316435

ALLOKATION IM MARKTWIRTSCHAFTLICHEN SYSTEM

Herausgegeben von
Heinz König (†), Hans-Heinrich Nachtkamp,
Ulrich Schlieper, Eberhard Wille

Band 60

PETER LANG

Frankfurt am Main · Berlin · Bern · Bruxelles · New York · Oxford · Wien

EBERHARD WILLE
KLAUS KNABNER
(HRSG.)

DIE BESONDEREN VERSORGUNGS- FORMEN: HERAUSFORDERUNGEN FÜR KRANKENKASSEN UND LEISTUNGS- ERBRINGER

12. Bad Orber Gespräche
über kontroverse Themen
im Gesundheitswesen
15.–17. November 2007

PETER LANG
Internationaler Verlag der Wissenschaften

Bibliografische Information der Deutschen Nationalbibliothek
Die Deutsche Nationalbibliothek verzeichnet diese Publikation
in der Deutschen Nationalbibliografie; detaillierte bibliografische
Daten sind im Internet über <http://www.d-nb.de> abrufbar.

Gedruckt auf alterungsbeständigem,
säurefreiem Papier.

ISSN 0939-7728
ISBN 978-3-631-58843-7
© Peter Lang GmbH
Internationaler Verlag der Wissenschaften
Frankfurt am Main 2009
Alle Rechte vorbehalten.

Printed in Germany 1 2 3 4 5   7
www.peterlang.de

Inhaltsverzeichnis

Begrüßung

Klaus Knabner

Meine sehr geehrten Damen und Herren,

im Namen von Vivantes und Bayer Health Care möchte ich Sie ganz herzlich zu den „12. Bad Orber Gesprächen zu kontroversen Themen im Gesundheitswesen" in Berlin begrüßen. Ganz besonders freue ich mich, dass dieses Symposion trotz aller Veränderungen zu einem Kontinuum geworden ist. Vor einigen Jahren haben wir den Veranstaltungsort aus dem beschaulichen hessischen Bad Orb in die hektische Hauptstadt Berlin verlegt. Und auch nach der Übernahme der Schering AG durch die Bayern AG gibt es eine konstante Größe: eben die „Bad Orber Gespräche", die sich damit nun wirklich zu einer eigenständigen Marke entwickelt haben. Dass dies gelungen ist, ist vor allem auch dem Programmverantwortlichen dieses Symposions zu verdanken, Herrn Professor Eberhard Wille.

Meine Damen und Herren,

erneut liegt ein Jahr der Gesundheitsreform hinter uns. Auch dies ist ein Kontinuum: Wir müssen uns darauf einrichten, Gesundheitswesen auf einer Baustelle zu leben. Dabei hat der Gesetzgeber nach heftigem Ringen im vergangenen Jahr mit dem am 1. April in Kraft getretenen Wettbewerbsstärkungsgesetz lediglich ein Fundament gelegt und ein Baugerüst errichtet, auf dem und mit dem die Handwerker des Gesundheitswesens das Reformgebäude erst vervollständigen müssen. Das gilt für die Finanzreform der gesetzlichen Krankenkassen und den Risikostrukturausgleich genauso wie für die Reorganisation der Kassenverbände und die Neuordnung des Wettbewerbs unter den Krankenkassen, beispielsweise durch erweiterte Fusionsmöglichkeiten. Das gilt für das schwierige Vertragsgeschäft zwischen Krankenkassen und Ärzten – beispielhaft nenne ich den neuen Einheitlichen Bewertungsmaßstab und das Ziel, zu einer morbiditätsorientierten Vergütung zu kommen. Neue Herausforderungen sind die Kosten-Nutzen-Bewertung für Arzneimittel ebenso wie direkte Vertragsbeziehungen, etwa die Rabattverträge, zwischen Krankenkassen und Arzneimittelherstellern. Aus meiner Sicht gibt es einen klaren Trend in der Gesundheitspolitik: Das ist der Versuch, eine Kultur des Probierens und der alternativen Lösungsansätze im Wettbewerb zu implementieren. Dies basiert auf der Erkenntnis, dass es den einen einzigen richtigen Weg nicht gibt – oder zumindest: dass niemand den einzig richtigen Weg kennt. Das bedeutet: bei allen Reformschritten, die getan werden, müssen wir auch deren Vorläufigkeit anerkennen und akzeptieren, dass Reformen eine Daueraufgabe sind – und dass die nächste Reform nicht automatisch das Scheitern der vorangegangenen bedeutet.

Gesundheitsversorgung als Managementaufgabe – dieser Ansatz, das deutsche Gesundheitswesen zu reformieren, ist in Deutschland noch relativ neu. Den ersten Anlauf dazu hat der Gesetzgeber mit der Gesundheitsreform 2000 gemacht, als er das Konstrukt der integrierten Versorgung schuf. Auf Anhieb funktioniert hat es nicht, und erst nach 2003 haben sich Versorgungsmodelle gebildet, die einen sektorübergreifenden integrativen Anteil haben. Weitere Schritte wurden mit dem WSG, vor allem aber mit dem Vertragsarztrechtsänderungsgesetz gemacht, das vor allem für Ärzte vielfältige neue Organisationsformen ermöglicht. Dies zu analysieren, wird sich wie ein roter Faden durch unser diesjähriges Symposion ziehen.

Zu den wesentlichen Aufgaben, wie das Gesundheitswesen organisiert werden kann, gehört die Frage, in welcher Weise die Beteiligten und hier vor allem auch die verschiedenen Berufe der Medizin und Pflege miteinander kooperieren. Mit diesem Thema hat sich der Sachverständigenrat im Gesundheitswesen in seinem jüngsten Gutachten „Kooperation und Verantwortung. Voraussetzungen einer zielorientierten Gesundheitsversorgung" auseinandergesetzt. Deshalb bin ich dankbar dafür, dass Herr Professor Peter Scriba, der dem Sachverständigenrat bis vor wenigen Wochen angehört hat, den Part des Festvortrags übernommen hat und darin die wesentlichen Analyseergebnisse aus dem neusten Gutachten vortragen wird.

Herzlich begrüßen möchte ich Herrn Professor Peter Zweifel. Unser Nachbar, die Schweiz, hat zweifellos eines der leistungsfähigsten Gesundheitssysteme der Welt, aber auch eines der teuersten. Viel früher als bei uns, und wohl auch experimentierfreudiger, hat die Schweiz den Gedanken von Managed Care aus den USA übernommen und auf diese Weise versucht, medizinische und ökonomische Verantwortung zusammenzuführen. Soweit ich dies aus der Ferne beurteilen kann, ist dadurch die Diskussion um weitere Gesundheitsreformen in der Schweiz nicht zu einem Ende gekommen.

Morgen werden wir uns damit auseinandersetzen, wie ambulante und stationäre Versorgung reorganisiert werden können, damit sie für die Herausforderungen einer älteren multimorbiden Gesellschaft besser gerüstet ist. Ein wichtiger Baustein dafür ist das Vertragsarztrechtsänderungsgesetz, weitere Bausteine sind die integrierte Versorgung, die Modellvorhaben, die hausarztzentrierte Versorgung und die besondere ambulante Versorgung, schließlich auch die Medizinischen Versorgungszentren, die in Trägerschaft niedergelassener Ärzte, aber auch von Krankenhäusern betrieben werden können. Die rechtliche Grundlage wird uns Herr Dr. Michael Dalhoff vom Bundesgesundheitsministerium darstellen und welche Hoffnungen der Gesetzgeber damit verbunden hat. Gespannt bin ich darauf, inwieweit neue

Versorgungsmodelle die Erwartungen erfüllt haben, vor allem vor dem Hintergrund der Ankündigung von Herrn Knieps, dass die Anschubfinanzierung für die integrierte Versorgung nicht noch einmal prolongiert werden soll. Eine Bestandsaufnahme der bereits existierenden Modelle integrierter Versorgung wird uns Herr Professor Volker Amelung geben und damit verdeutlichen, ob und inwieweit organisatorische Innovationen tatsächlich und vielleicht auch schon mit einer gewissen Breitenwirkung dazu beitragen, komplexere Gesundheitsprobleme besser zu lösen als dies in der konventionellen sektoralen Versorgung möglich ist. Der Bestandsaufnahme soll eine Zielbeschreibung – natürlich vor dem Hintergrund des Möglichen – folgen: Professor Eberhard Wille wird deshalb als Vorsitzender des Sachverständigenrats die Empfehlungen aus dessen Sicht erläutern.

Am Nachmittag sollen die eigentlichen Player das Wort haben: Die Krankenkassen, deren Part Herr Dr. Christopher Hermann von der AOK Baden-Württemberg übernommen hat, die Krankenhäuser, für die Herr Joachim Bovelet und Herr Dr. Hartwig Jäger referieren werden, und schließlich auch die Kassenärztlichen Vereinigungen, die eigentlich in der integrierten Versorgung keine direkten Vertragspartner sind, die allerdings durch KV-eigene Consulting-Gesellschaften am Zustandekommen von integrierten Netzen beteiligt sein können. Das wird Herr Dr. Hansen als Vorstandsvorsitzender der KV Nordrhein übernehmen.

Pharmazeutische Industrie und Medizintechnik als wichtige Innovatoren in der Medizin haben es bislang schwer, Partner beispielsweise in der Integrationsversorgung zu werden. Direkte Vertragsbeziehungen beispielsweise zwischen Arzneimittelherstellern und Krankenkassen sind zur Zeit dominiert von der Frage nach Rabatten. Eine kostengünstige Versorgung mit bewährten, patentfreien Arzneimitteln zu realisieren, ist ein legitimes Ziel – zu kurz kommt aber im Moment nach meinem Eindruck, auf welche Weise Innovationen möglichst rasch den richtigen Patienten zugänglich gemacht werden können. Am Samstagvormittag werden wir deshalb den Part der pharmazeutischen und der Medizintechnik-Industrie sowie der Apotheker beleuchten – und mit Frau Dr. Marion Wohlgemuth von Novartis, Herrn Dr. Andreas Penk von Pfizer, Herrn Dr. Hans Jürgen Seitz von der Bundesvereinigung Deutscher Apothekerverbände, Herrn Dr. Thomas Trümper und Herrn Peter Wiest von World of Medicine stehen uns kompetente Referenten zur Verfügung. Schon jetzt möchte ich den drei Moderatoren, Herrn Gerhard Schulte, Herrn Professor Alfred Holzgrewe und Herrn Professor Dieter Cassel danken, die uns morgen und übermorgen durch die Diskussion führen werden.

Diese Diskussion wünsche ich mir wie in den vergangenen Jahren: offen, manchmal sogar hart, aber stets fair.

Eines freilich hat sich im Vergleich zu den Vorjahren geändert. Wie in Bad Orb müssen wir auf den Besuch der Oper verzichten. Was bleibt, das ist der hoffentlich anregende Gedankenaustausch beim Abendessen.

Nochmals: Herzlich willkommen zu den 12. Bad Orber Gesprächen.

Die Vorschläge des Sachverständigenrates. Politische Umsetzung und Desiderata

Peter C. Scriba

1. Einleitung

Mit § 142 des SGB V wird der Sachverständigenrat beauftragt, „unter Berücksichtigung der finanziellen Rahmenbedingungen und vorhandener Wirtschaftlichkeitsreserven Prioritäten für den Abbau von Versorgungsdefiziten und bestehenden Überversorgungen zu entwickeln und Möglichkeiten und Wege zur Weiterentwicklung des Gesundheitswesens aufzuzeigen".

Was ist Sachverstand?
Unter Sachverstand will ich die Fähigkeit finden, wissenschaftliche Daten kritisch zu bewerten und hinsichtlich ihrer Aussagekraft auszuwerten. Bei Fehlen von empirischen Daten muss der Sachverstand wissenschaftsbasierte Hypothesen generieren. Und zum Dritten soll Sachverstand für die wissenschaftliche Beratung z.B. von Politikern zur Verfügung stehen.

Das führt zur Frage der Unabhängigkeit der Politikerberatung. Streng genommen kann es Unabhängigkeit nicht geben, da alle Lebewesen dem Einfluss von Anreizmechanismen ausgesetzt sind. Man kann immer einen Interessens-Bias vermuten, sei es zugunsten des eigenen Vorteils und Renommees oder im Interesse der eigenen wissenschaftlichen Gruppierung. Gegen diese Bias helfen zwei Dinge: zum Einen Transparenz, d.h. also die Offenlegung existierender möglicher Interessenskonflikte und Aktivitäten, z.B. in der Form eines Lebenslaufs im Internet. Zum Zweiten hilft dagegen die öffentliche Diskussion in der scientific community. Insbesondere in der interdisziplinären Diskussion wird die evtl. Einseitigkeit einer wissenschaftlichen Aussage entlarvt.

Als Aufgabe einer Qualitätssicherung der wissenschaftlichen Beratung wird hiermit noch einmal gefordert, zu prüfen, ob
- wirklich alle Evidenz berücksichtigt wurde
- bei der Beurteilung der Qualität der berücksichtigten Evidenz manipuliert wurde
- Ergebnisse, die in eine „unerwünschte Richtung" deuten, systematisch weggelassen wurden, oder
- über den Bereich des tatsächlichen Untersuchungsbestandes weit hinaus gehende Aussagen gemacht werden.

Wissenschaftliche Ergebnisse sind dabei in ihrer Richtigkeit a priori eingeschränkt:

- durch ihre Abhängigkeit von der Methodik (das ist eine Grundaussage der Erkenntnistheorie),
- durch die Begrenztheit des Untersuchungsgegenstandes, was sich z.b. am Unterschied von efficacy und effectiveness zeigen lässt, und
- durch die in jedem Einzelfall zu prüfende Qualität der methodischen Durchführung der jeweiligen Untersuchung.

Gegebenenfalls äußern sich Wissenschaftlicher mit einer von Ihnen selbst und von Ihren Adressaten durchaus anerkannten Autorität. Nun haben aber wissenschaftliche Ergebnisse Auswirkungen in
- gesellschaftspolitischen
- standespolitischen
- rechtlichen
- sozialen
- moralischen
- ethischen

Bereichen. Falls sich der Wissenschaftler auch in den hier genannten anderen Bereichen mit dem gleichen Autoritätsanspruch äußert, der ihm in seinem eigenen Fach durchaus zusteht, wird das von Adressaten leicht als Arroganz interpretiert. Der Sachverstand der Wissenschaftler für gesellschaftspolitische, standespolitische, rechtliche usw. Belange geht über den von Normalbürgern nicht unbedingt hinaus. Daher empfiehlt sich für solche Belange eine optionsweise Darstellung der Problematik, wobei der Wissenschaftler seine eigene Präferenz dann durchaus benennen kann. Soviel zur wissenschaftlichen Beratungsaufgabe.

Zwei Empfehlungen des Sachverständigenrates sind mir persönlich im Laufe der 15jährigen Tätigkeit für den Sachverständigenrat besonders wichtig und grundlegend gewesen:
1. der Rat empfiehlt die stufenweise Weiterentwicklung des Gesundheitswesens. Er schließt die Möglichkeit einer revolutionären Neugestaltung oder „Neugründung auf der grünen Wiese" aus.
2. Der Sachverständigenrat fordert unabhängige Begleitforschung. Das bedeutet sowohl die Erforschung der Wirkung von gesundheitspolitischen Entscheidungen als auch die ebenso wichtige Versorgungsforschung für alle wesentlichen Schritte.

Versorgungsforschung ist die wissenschaftliche Untersuchung der Versorgung von einzelnen und der Bevölkerung mit gesundheitsrelevanten Produkten und Dienstleistungen unter Alltagsbedingungen. Es geht um die Frage, wie viel vom theoretisch möglichen Optimum der Versorgung beim Einzelnen ankommt.

2.   Mehr medizinische Orientierung

Ein „Rückblick auf Gutachten seit 1994" könnte der Untertitel meines Beitrages sein. Im Bewusstsein des im Hinblick auf meine 15jährige Tätigkeit für den Sachverständigenrat zu erwartenden Endes derselben wurde dieser Rückblick für das Gutachten 2007 entworfen. Aber keine Angst meine Damen und Herren, es folgt keine Castro-Rede. Aus tausenden von Seiten der bisherigen Gutachten werden nur einige wenige Beispiele knapp und wissenschaftlich nüchtern angesprochen (vgl. V.Ulrich, W. Ried (Hrsg.): Effizienz, Qualität und Nachhaltigkeit im Gesundheitswesen. Festschrift zum 65.Geburtstag von Eberhard Wille (2007). Nomos Verlag, Baden Baden, S. 1-1028, Beitrag P.C. Scriba S 503-515).

Der Sachverständigenrat hat wiederholt Analysen zur Finanzierung der gesetzlichen Krankenversicherung gemacht, dafür Optionen aufgezeigt und Empfehlungen gegeben. Im vergangenen Jahr standen bekanntlich politische Entscheidungen (GKV-WSG) zu diesem Thema an. Schon früh wurde die Verkümmerung der Gesundheitspolitik zur reinen Kostendämpfung beklagt (Sondergutachten 1996), ebenso die Überbetonung der Ausgabenebene (Gutachten 2000/2007, Textziffer 97 ff). Der politisch öffentliche Diskurs z.B. über explizite Gesundheitsziele „komme dagegen im Vergleich zur mehr als 25jährigen Kostendämpfungsdebatte zu kurz". Ein Mehr an medizinischer Orientierung wurde wiederholt empfohlen.

Was erreicht der Sachverständigenrat eigentlich mit seinem Gutachten?

Die Gesundheitspolitik griff in den letzten Jahren eine Reihe von Outcome-orientierten – und auch anderen – Empfehlungen des Rates auf und setzte sie auch um. Aber können wir von Erfolgen sprechen? Bei allen gesundheits-politischen Empfehlungen ist immer fraglich, wer die Priorität hat. Zu oft ist etwas schon vorher einmal als Ansicht geäußert worden. Und obendrein ist der Geruch von Eigenlob nicht sehr angenehm.

Mit der Aufforderung „mehr gesundheitliche Orientierung" wollte ein Beitrag als Vorspann an noch verbleibende zentrale Desiderata erinnern (Gutachten 2007, Kap. 1.3). Dabei handelt es sich vor allem um folgende **Desiderata**:

- Es mangelt der deutschen Gesundheitspolitik nach wie vor an einer expliziten Zielorientierung.
- Trotz einiger positiver Ansätze weisen Gesundheitsförderung und Prävention beachtliche und noch nicht ausgeschöpfte Potentiale hinsichtlich einer Verbesserung der gesundheitlichen Outcomes auf.
- Partizipation und Eigenverantwortung von Patienten erlangen noch nicht die Ihnen im Rahmen der Gesundheitsversorgung zukommende Bedeutung.
- Trotz bemerkenswerter und erfreulicher Anstrengung und Fortschritt bestehen beim Thema Qualität weitere Verbesserungsmöglichkeiten.

- Zur Vermeidung bzw. Minimierung von Über-, Unter-, und Fehlversorgung bestehen bezüglich der Versorgungsqualität trotz erkennbarer Anstrengungen und einiger Fortschritte weitere Verbesserungsmöglichkeiten.
- Die (Versorgungs-) Forschung bedarf einer stärkeren Förderung. Dies gilt auch für eine um Neutralität bemühte wissenschaftliche Beratung der Gesundheitspolitik und die Evaluation von Gesundheitsprojekten durch unabhängige Sachverständige.

3. Gesundheitsziele

In der Zusammenfassung des Sondergutachtens 1995 finden sich unter 14 expliziten Zielen die Folgenden:
- gleicher Zugang zu einer erforderlichen Krankenversorgung mit breit verfügbarer Qualität,
- Höchstmaß an Freiheit und Eigenverantwortung für alle Beteiligten, freie Arztwahl,
- Freiberuflichkeit, Selbststeuerungskräfte,
- Verminderung von sozialen Unterschieden in Mortalität und Morbidität,
- Förderung der Gesundheit heranwachsender Generationen und
- Erhaltung der selbstständigen Lebensführung (Autarkie) älterer Menschen.

Man kann wohl feststellen, dass diese Ziele alle noch nicht erreicht oder aber gefährdet sind. Eine Diskussion über Gesundheitsziele wurde vor allem in NRW: 10 vorrangige Gesundheitsziele 1995-2005 vgl. Gutachten 2000/2001 Ziffer 66 ff, und in der GVG (Forum Gesundheitsziele Deutschland, www.gesundheitsziele.de) geführt, ohne dass man jedoch erkennen könnte, dass die Diskussion immer den ihr zugedachten prägenden Einfluss auf die aktuelle Gesundheitspolitik bekommen hätte (vgl. auch Sondergutachten 1997 Kap. 1: Zieldimensionen und Wirkungen des Gesundheitswesens, hier: Wohlfahrts-, Wachstums-, Produktivitäts- und Beschäftigungswirkungen, sowie Gutachten 2000/2001, Kap. 1: mehr Zielorientierung im Gesundheitswesen). Gesundheitsziele müssen öffentlich diskutiert und durch demokratische Entscheidungsprozesse verbindlich gemacht werden!

Für den heutigen Beitrag habe ich mir Beispiele aus der ärztlichen Praxis ausgesucht. Das habe ich im Rat auch immer so gemacht: Wenn ich etwas nicht verstand, dachte ich an eine konkret erlebte Situation in Klinik und Praxis. Wie passen medizinische Wirklichkeit und Empfehlung des Rates zusammen – aus dieser Frage entstand mein „Ceterum censeo".

Abbildung 1: **Komponenten der evidenzbasierten klinischen Entscheidungsfindung**

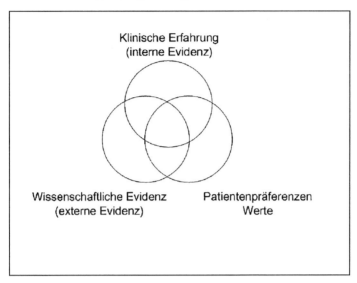

Klinische Erfahrung
(interne Evidenz)

Wissenschaftliche Evidenz   Patientenpräferenzen
(externe Evidenz)   Werte

Quelle: HAYNES, RB, DL SACKETT et al. (1996): EBM Notebook, Vol.1, 196-198

Der Rat hat bereits 1995 unter den Zielen der Gesundheitspolitik verbesserte Partizipationsmöglichkeiten für Patienten genannt. Ich erinnere an das bekannte Schema von Haynes et al. (1996) mit den Komponenten der evidenzbasierten klinischen Entscheidungsfindung. Wie die Abbildung 1 zeigt, ist die Evidenz basierte Medizin eine wichtige, aber eben nur eine wichtige Komponente. Daneben braucht man die Erfahrung des Arztes als interne Evidenz und schließlich die Präferenzen des Patienten sowie Werte, worunter z.b. soziale, rechtliche und ethische Werte zu verstehen sind. Man kann diese Abbildung als vorweggenommene Mahnung an das IQWiG verstehen.

Ein praktisches Beispiel findet sich Abb. 2, die ich K. Arnold und seiner Publikation im Simplicissimus (1925) verdanke.

Abb. 2: *„Was i scho immer sag, Vadern, laß da doch dein Kropf operieren" – „Ja freili, daß i ausschaug wia-r-a Preiß".*

Mein Ceterum Censeo: wenn Zielorientierung beinhaltet, dass dieser Patient an der ärztlichen Entscheidung partizipieren soll, müssen wir ihn zuerst darüber aufklären, dass auch die früheren Preußen Kröpfe haben, tendenziell inzwischen sogar mehr als die Bayern.

4. Gesundheitsförderung und Prävention

In den jüngsten Gutachten des Rates wird bekanntlich die Verbesserung der Prävention für benachteiligte Gruppen ganz in den Vordergrund gestellt und das ist auch gut so.

Schließlich hat der Rat die Verminderung sozialer Unterschiede von Morbidität und Mortalität schon im Sondergutachten 1995 empfohlen.

Der Rat hat wiederholt Gesundheitsförderung und Prävention thematisiert:
- Voraussetzung für eine der gesamten Bevölkerung oder einer Risikogruppe zu empfehlenden Prophylaxe (Sachstandsbericht 1994, Ziffer 235).
- Liste von Handlungsfeldern (ebenda Tab. 27).
- Sowohl aus allokativen Gründen (Kosten/Nutzen Relation) als auch unter distributiven Aspekten sollte vornehmlich auf Risikogruppen abgestellt werden (Sondergutachten 1995, Ziffer 13).
- Die Priorisierung von Präventionsmaßnahmen, die Auswahl Erfolg versprechender Ansatzpunkte einschl. des Settings, die Finanzierung durch Steuern, der Einsatz von Anreizen für eine vermehrte individuelle Verantwortung (Bonus-System), das Monitoring und die Thematisierung in Biologie-Unterricht der Schulen

wurden empfohlen (Sondergutachten 1995, Zi. 139 ff, 142, 146, 150 und 149 f).

Seither finden sich Empfehlungen zur Prävention in jedem Gutachten des Sachverständigenrates.

Zusammenfassend ist deutlich, dass trotz einiger Ansätze das Feld von Gesundheitsförderung und Prävention hinsichtlich seiner Potentiale in Deutschland keineswegs erschöpft ist. Es besteht dringender Handlungsbedarf. Insbesondere besteht immer noch die Hoffnung, dass das Präventionsgesetz in der laufenden Legislaturperiode verabschiedet wird.

Ich lasse ungern eine Gelegenheit verstreichen, ohne auf mein rund 40jähriges Interesse an der Jodprophylaxe zu verweisen. Abb. 3 zeigt die Entwicklung der Marktanteile von Jodsalz in Deutschland. Wie man sieht war Anfang der 70iger Jahre knapp 5% der Bevölkerung bereit, jodiertes Speisesalz zu kaufen. Das blieb so, trotz des Einsatzes zahlreicher Wissenschaftler für die Propagierung dieser Vorbeugung.

18

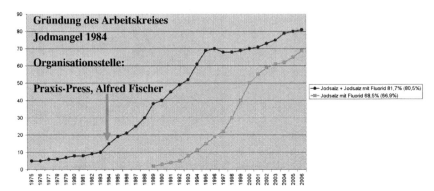

Abb. 3: Entwicklung der Marktanteile von Jodsalz und Jodsalz mit Fluorid am gesamten Speisesalzabsatz in Haushaltsgebinden in Deutschland.

Eine wesentliche Änderung kam nur dadurch zustande, dass 1984 der Arbeitskreis Jodmangel gegründet wurde und zwar von Wissenschaftlern aus den Bereichen Ernährungslehre und Endokrinologie und dass zeitgleich ein professionelles Büro für Öffentlichkeitsarbeit (Public Relation) engagiert wurde. Dieser Zug war entscheidend. Seither hat sich der Marktanteil auf inzwischen über 80% der Bevölkerung erhöht, eine Zustimmung die deutlich über derjenigen der gegenwärtigen großen Koalition liegt.

Die Medienarbeit des Arbeitskreises Jodmangel der letzten 10 Jahre sah folgendermaßen aus: An Aktivitäten waren 10 Pressekonferenzen, 112 Pressedienste und 135 exklusive Medienaktivitäten sowie 6 Hörfunk-produktionen zu verzeichnen. Die Resonanz war beachtlich: Es erfolgten 6970 Veröffentlichungen in Print-Medien mit einer Gesamtauflage von 1,6 Milliarden Exemplaren. Das bedeutet, dass jeder Bundesbürger durchschnittlich zwanzigmal einen gedruckten Text in die Hand bekam.

295 Beiträge zum Fernsehen wurden erfasst, ferner mehrere 100 Rundfunkbeiträge. Wir verdanken unsere Erfolge vor allem einer intensiven und professionellen Öffentlichkeitsarbeit, die vielfältig durch Ministerien, Behörden, Ernährungsfachkräfte und Heilberufe im weitesten Sinne unterstützt wurde. Wie bei jeder Vorbeugung muss die Wirksamkeit der Maßnahmen in Zukunft evaluiert und evtl. korrigiert werden. Der naturgegebene Jodmangel kann nicht beseitigt, sondern nur ausgeglichen werden. Die Anstrengungen zur Umsetzung der Jodsalzprophylaxe müssen daher dauerhaft, konsequent und beharrlich fortgeführt und weiter ausgebaut werden, um jodmangelbedingte Gesundheits-störungen in Deutschland zurückzudrängen.

Zum Thema Nachhaltigkeit: Wiederholung ist für Wissenschaftlicher kein Originalitätskriterium, für Public Relation Profis ist Wiederholung aber eine Primärtugend.
Meine Kasuistik verdanke ich meinem früheren Doktoranden Thomas Ruhl, der 1974 das Marterl (Abb. 4) schuf.

Abb. 4: *„Hier starb im Mai das Reserl hold, grad wie a Bua es bürschteln wollt. Ein Kropf raubt ihr die Luft – jetzt liegt sie in der Gruft. HERR sei ihr gnedig in dem Tod und gib uns Bayern mehra Jod".* AD.74

Ceterum censeo: Diese Fallbeobachtung entspricht sehr alter Literatur, denn schon die alten Römer prüften mit der Messung des Halsumfanges ihrer Töchter, ob diese vielleicht schwanger wären. Heute wissen wir, dass nur Jodprophylaxe die Töchter vor frühzeitiger Entdeckung schützt.

5. Eigenverantwortung und Partizipation

Der Sachverständigenrat machte 1994 einen ersten Versuch, Gesundheitsabgaben als zusätzliches Instrument der Verhaltenssteuerung und Finanzierung im Gesundheitswesen zu diskutieren (Ziffer 622). Hier ging es zunächst um die Frage, ob ungesundes und riskantes Verhalten durch Abgaben belastet oder gesundheitsförderndes und risikoarmes Verhalten durch finanzielle Anreize relativ belohnt werden sollten. Tabak und Alkohol wurden angesprochen (Ziffer 628 und 633 ff). Unter anderem findet sich hier der Hinweis, dass Anreize zur Erhaltung des Idealgewichtes geschaffen werden sollten und ein Beitragsbonus bei Einhaltung des Idealgewichtes bzw. bei Abweichung innerhalb bestimmter Grenzen angebracht sei. Solche Vorschläge sind angesichts der zunehmenden Häufigkeit des Übergewichtes in unserem Lande nicht trivial.

Das praktische Beispiel wird in der folgenden Abbildung wiedergegeben.

Der Rat wollte also erstmals im Sachstandsbericht 1994 eine umfassende Verhaltensänderung der Bevölkerung und deshalb einen gewichtsbezogenen Bonus von den Krankenkassen empfehlen. Das hat uns der damalige Gesundheitsminister ausgeredet mit den Worten: „mein Chef ist dagegen". Die Beobachtung des Gespräches mit dem „Chef" wurde von AP fotographisch , wie die nächste Abbildung zeigt, festgehalten.

Ceterum Censeo: Ein Jahr später (Sondergutachten 1995 Ziffer 473) stand der Vorschlag dann doch im Gutachten.

6. Qualitätssicherung

Möglichkeiten der Qualitätsverbesserung in der Versorgung wurden in nahezu jedem Gutachten des Rates bearbeitet. Der Sachstandsbericht von 1994 brachte eine Definition von Qualitätssicherung, nach der Notwendiges optimal erbracht und Unnötiges sowie Unwirksames vermieden werden sollten (Ziffer 252 ff). Dem Sachverständigenrat wird der Erfolg zuerkannt, die Arbeitsgemeinschaft wissenschaftlicher medizinischer Fachgesellschaften (AWMF) zu ihrer verdienstvollen Leitlinienarbeit angestoßen zu haben (Sondergutachten 1995, Ziffer 164 ff). In dieser Hinsicht ist Deutschland auf einem guten Weg. Ein Nachholbedarf besteht allerdings in der überfälligen Frage der unabhängigen Finanzierung der Leitlinienerstellung. Neuerdings beschäftigt sich die Versorgungsforschung, auch die von der Bundesärztekammer finanzierte, mit der Implementierung von Leitlinien (www.bundesaerztekammer.de). Der Rat ist stolz auf seinen Beitrag zur Einführung von Leitlinien und übrigens auch zur Frage der Mindestmengen.

Das bisher umfangreichste Gutachten des Rates ist zweifellos das der Jahre 2000 und 2001. Die ersten 3 Kapitel des Bandes II „Qualitätsentwicklung in Medizin- und Pflege" sind:
- der Optimierung personeller Ressourcen,
- den Konzepten und dem Management von Qualität und
- der Qualitätssicherung und dem Qualitätsmanagement in der Versorgung gewidmet.

Ein aus methodischem Purismus resultierender therapeutischer Minimalismus verstößt gegen zwei grundlegende pragmatische Prinzipien des EbM-Konzepts:
- Das Prinzip der best available evidence fordert nicht, dass sich klinisches Handeln ausschließlich auf die höchste Evidenzstärke gründen muss, sondern dass bei klinischen Entscheidungen (neben der klinischen Erfahrung des Arztes und den Präferenzen des Patienten) die beste verfügbare Evidenz kritisch mitberücksichtigt werden sollte.
- Das Prinzip der best feasible evidence fordert eine pragmatische Orientierung der Evidenzstärke von Studien an dem ethisch, finanziell und methodisch Machbaren (Ziffer 204).

Soviel zur evidenzbasierten Medizin. Man kann auch hier wieder eine vorweggenommene Ansprache des IQWiG und des gemeinsamen Bundesausschusses sehen.

Mein Beispiel kommt wiederum aus der Endokrinologie:
Diagnostische Methoden lassen sich gut qualitätssichern. Mediziner neigen bei Größenangaben zu Vergleichen, z.B. werden Schilddrüsenknoten als Taubeneigroß beschrieben, ohne dass man weiß, ob der Arzt jemals ein Taubenei in der Hand hatte.

Zu diesem Behufe hat der Züricher Pädiater Prader ein Instrument ersonnen, mit dem man durch palpatorischen Vergleich die Größe der Brunpftkugeln (für Nicht-Jäger: medizinisch als Testes bezeichnet) feststellen kann. Dieses auch unter dem Namen Praderscher Rosenkranz bekannte Instrument eignet sich auch zur Größenbestimmung von Schilddrüsenknoten.

ORCHIDOMETER
nach Prader

Aber der Fortschritt ist unaufhaltsam. Mit Hilfe der sonographischen Volumetrie (Abb. 5) lässt sich das Schilddrüsenvolumen messen. Die in konzeptioneller und

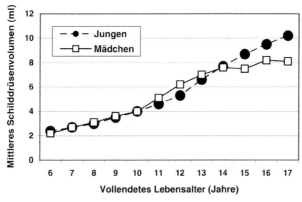

Abb. 5: Schilddrüsenvolumen. Aus Thamm, M. et al. (2007) In: Kinder- und Jugendgesundheitssurvey (KIGGS) www.Bundesgesundheitsblatt.de

methodischer Hinsicht auch international erstklassige epidemiologische Studie des Robert Koch Institut (KIGGS) an rund 17.000 Kindern und Jugendlichen zeigt für 13jährige ein mittleres Schilddrüsenvolumen von etwa 7 ml, was deutlich besser ist als das vor gut 20 Jahren in Deutschland gemessene Volumen von 9,3 ml *(Gutekunst et al. 1985: Dtsch.med.Wschr. 109, 50-54)*. Damit sind wir zwar immer noch nicht im Idealbereich von 4 oder 5 ml, aber eben doch besser geworden.

Ceterum censeo: Trotz bemerkenswerter und erfreulicher Anstrengung und Fortschritte zeichnet sich beim Thema Versorgungsqualität weiterer Handlungsbedarf ab.

7. Über-, Unter- und Fehlversorgung

„James Möllendorpf, der älteste kaufmännische Senator, starb auf groteske und schauerliche Weise. Diesem diabetischen Greise waren die Selbsterhaltungsinstinkte so sehr abhanden gekommen, dass er in den letzten Jahren seines Lebens mehr und mehr einer Leidenschaft für Kuchen und Torten unterlegen war. Dr. Grabow, der auch bei Möllendorpfs Hausarzt war, hatte mit aller Energie, deren er fähig war, protestiert, und die besorgte Familie hatte ihrem Oberhaupt das süße Gebäck mit sanfter Gewalt entzogen. Was aber hatte der Senator getan? Geistig gebrochen, wie er war, hatte er sich irgendwo in einer unstandesgemäßen Straße, in der Kleinen Gröpelgrube, An der Mauer oder im Engelswisch ein Zimmer gemietet, eine Kammer, ein wahres Loch, worin er sich heimlich geschlichen hatte, um Torte zu essen.... Und dort fand man auch den Entseelten, den Mund noch voll halb zerkauten Kuchens, dessen Reste seinen Rock befleckten und auf dem ärmlichen Tische umherlagen. Ein tödlicher Schlaganfall war der langsamen Auszehrung zuvor gekommen".

Kein Zweifel, der Rat hat sich mit dem Thema Über-, Unter- und Fehlversorgung nicht nur Freunde gemacht. Es gibt sie aber trotzdem, die Über-, Unter- und Fehlversorgung.

Einem 10jährigen Lübecker wird man nachsehen, dass er ein praktisches Beispiel aus den Buddenbrooks für diese Präsentation gewählt hat.

Ceterum censeo: Der wie oft etwas süffisante Ton Thomas Manns kritisiert zugleich hausarztzentrierte Medizin und fehlende Compliance des Patienten.

8. Forschung und Fortschrittsbewertung

Mit dem Sondergutachten von 1995 griff der Rat das Thema der klinischen Forschung auf. Der Rat empfahl, die Krankenversicherungen (GKV und PKV) an Planung, Organisation, Beurteilung und Finanzierung geeigneter Projekte der angewandten klinischen Forschung und der Versorgungsforschung zu beteiligen. Es erfüllt den Rat mit Genugtuung, dass es inzwischen mehrere BMBF-Programme gibt, die das umgesetzt haben, auch wenn noch einige Wünsche in qualitativer und quantitativer Hinsicht offen bleiben. Ein „ausreichend ausgestattetes, befristetes und mehrgliedriges Programm zur Gesundheitsforschung" wurde gefordert (Gutachten 2000/2001, III.1, Ziffer 219). Die Ausschreibung für Projekte sollte „insbesondere auf die Beteiligung wissenschaftlicher Fachgesellschaften zielen" (Ziffer 220). „Diese verfügen über qualifiziertes Personal, welches projektbezogen für unabhängige Forschungsarbeit eingestellt werden könnte". Diese Einbeziehung der Fachgesellschaften in die Versorgungsforschung ist bisher nicht erfolgt (Ziffer 221 ff., Übersicht 1).

Mein letztes praktisches Beispiel greift auf Sänger zurück, dies als Verbeugung vor dem Vorsitzenden Eberhard Wille und seinem Hobby. *Eberhard Nieschlag und Mitarbeiter* haben einen Männerchor in ihrer Münsteraner Heimat untersucht. Wie die folgende Abbildung unschwer erkennen lässt, ist der Testosteron/Östradiol-Quotient im Plasma bei Tenören deutliche niedriger als bei Bässen. Aber die Bässe sollten sich nicht zu früh freuen.

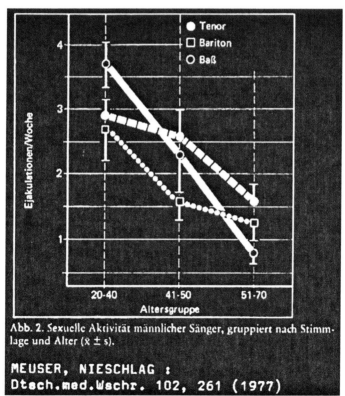

Abb. 2. Sexuelle Aktivität männlicher Sänger, gruppiert nach Stimmlage und Alter ($\bar{x} \pm s$).

MEUSER, NIESCHLAG :
Dtsch.med.Wschr. 102, 261 (1977)

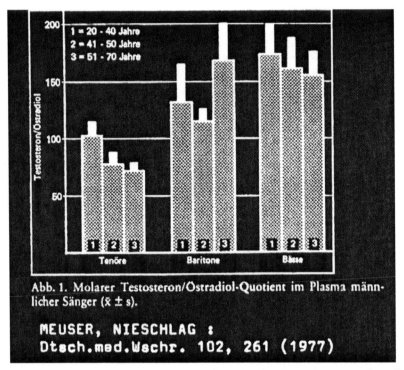

Abb. 1. Molarer Testosteron/Östradiol-Quotient im Plasma männlicher Sänger ($\bar{x} \pm s$).

MEUSER, NIESCHLAG :
Dtsch.med.Wschr. 102, 261 (1977)

Wie die obige Abbildung zeigt, sieht es mit der Performance derart aus, dass die Bässe zwar fulminant beginnen, aber deutlich schneller nachlassen als Tenöre und Bariton.

Ceterum censeo: Versorgungsforschung braucht mehr Epidemiologie und diese wiederum mehr Querschnitts- und Longitudinalstudien.

9. Zusammenfassung : Desiderata – Handlungsbedarf.

Ich denke, dass die geschilderten sechs Desiderata aufgrund meiner Darstellung keine Zweifel daran lassen, dass für alle, nämlich Zielorientierung, Gesundheitsförderung und Prävention, Partizipation und Eigenverantwortung, Versorgungsqualität, Über-, Unter- und Fehlversorgung sowie Versorgungsforschung und wissenschaftliche Politikberatung durch die Gemeinsamkeit des Handlungsbedarfs ausgezeichnet sind. Es wäre viel zu gewinnen:
1. Es mangelt der deutschen Gesundheitspolitik nach wie vor an einer expliziten Zielorientierung.

2. Trotz einiger positiver Ansätze weisen Gesundheitsförderung und Prävention beachtliche und noch nicht ausgeschöpfte Potentiale hinsichtlich einer Verbesserung der gesundheitlichen Outcomes auf.

3. Partizipation und Eigenverantwortung von Patienten erlangen noch nicht die ihnen im Rahmen der Gesundheitsversorgung zukommende Bedeutung.

4. Trotz bemerkenswerter und erfreulicher Anstrengungen und Fortschritte bestehen beim Thema Qualität weitere Verbesserungsmöglichkeiten.

5. Zur Vermeidung bzw. Minimierung von Über-, Unter- und Fehlversorgung bestehen bezüglich der Versorgungsqualität trotz erkennbarer Anstrengungen und einiger Fortschritte weitere Verbesserungsmöglichkeiten.

6. Die (Versorgungs-)Forschung bedarf einer stärkeren Förderung. Dies gilt auch für eine um Neutralität bemühte wissenschaftliche Beratung der Gesundheitspolitik und die Evaluation von gesundheitspolitischen Projekten durch unabhängige Sachverständige.

Zur Akzeptanz von Managed Care in Deutschland[*]

Peter Zweifel

1. Motivation und Zielsetzung

Neue ambulante Versorgungsformen gewinnen in der Diskussion um Kostensenkungen im Gesundheitswesen an Bedeutung. Zum einen handelt es sich um sogenannte Managed Care-Alternativen (Ärztelisten, Hausarztmodelle, Ärztenetzwerke). Zum andern wird in manchen Ländern über Anreizsysteme zur Eindämmung des sog. moralischen Risikos nachgedacht. Hier geht es um die Einführung oder Erhöhung von Kostenbeteiligungen und Bonus-Malus-Optionen. Schliesslich könnten die Krankenversicherer auch eine etwas veränderte Rolle spielen, indem sie beispielsweise eine Patientenberatung aufbauen.

Diese neuen Versorgungsformen sind gerade in Deutschland seit längerer Zeit im Gespräch. Es gibt zu dem Thema soziologische Befragungen (Gesundheitsmonitor 2006), die zum Ergebnis kommen, die BürgerInnen würden diesen Änderungen erhebliche Bedeutung zumessen. Dies bedeutet aber noch lange nicht, dass sie ihnen vorbehaltlos gegenüber stehen. Deshalb ist die Berücksichtigung der Präferenzen unerlässlich, wenn man die Akzeptanz solcher Re-formen in der Bevölkerung abschätzen möchte. Aus dieser Feststellung folgen unmittelbar zwei Fragen:

(1) Wie lassen sich Präferenzen überhaupt ermitteln? Es handelt sich hier um Güter aus dem Nichtmarktbereich, wo es keine Marktpreise gibt, aus denen man auf die Präferenzen der KäuferInnen zurückschliessen kann;

(2) Wie lassen sich ausserhalb der Märkte Zahlungsbereitschaften, bzw. Kompensationsforderungen für solche Reformen ermitteln?

Daraus ergeben sich für diesen Beitrag drei Zielsetzungen. Es geht zuerst darum zu erkennen, dass sich die Präferenzen der Bürger tatsächlich in Zahlungsbereitschaften, bzw. Kompensationsforderungen ausdrücken lassen. Zweitens soll das Instrument der Markexperimente (namentlich vom Discrete-Choice-Typ) vorgestellt werden, um Kompensationsforderungen für Einschränkungen im Gesundheitswesen (und dies bedeutet Managed Care im Wesentlichen) zu messen. Schliesslich sollen die erheblichen Präferenzenheterogenitäten in der deutschen Bevölkerung ausgewiesen werden. Dieser dritte Punkt ist deshalb wichtig, weil bei heterogenen Präferenzen in der Gesundheitspolitik die angestrebten Einheitslösungen Gefahr laufen, die BürgerInnen mit Effizienzverlusten zu belasten.

[*] Der Autor dankt Herrn Maurus Rischatsch (Universität Zürich) für die sorgfältige Durchsicht des Textes.

2. Discrete-Choice-Experimente als Instrument zur Präferenzmessung

Die Ökonomen geben bekannterweise den sog. Revealed Preferences den Vorzug. Dies sind Kaufentscheidungen auf Märkten, die Gewähr bieten, dass die (subjektive) Zahlungsbereitschaft der Käufer mindestens den bezahlten Preis ausmacht. Dieses Verfahren kann allerdings nicht angewandt werden, wenn es sich um politische Vorhaben handelt, so dass man zu Befragungen (Stated Preferences) übergehen muss. Die sogenannten Marktexperimente bilden hier die wichtigste Klasse. Marktexperimente haben zwei hauptsächliche Formen:

Das traditionelle Verfahren ist jenes der bedingten Wertung (Contingent Valuation CV). Neuerdings kommt immer mehr die sog. Conjoint Analysis zur Anwendung, namentlich in Form der Discrete-Choice-Experimente (DCE). In diesem Beitrag wird der Conjoint Analysis vom DCE-Typ der Vorzug gegeben. Denn dieses Verfahren lässt zu, dass sich die Alternative zum Status quo im Gegensatz zur CV nicht nur in dem zu bezahlenden Preis unterscheidet, während alle anderen Attribute die gleichen zu sein haben. Dies ist nicht realistisch, wie folgendes Beispiel unmittelbar zeigt.

Man stelle sich eine Kundin vor, die an einem Parfum interessiert ist. Falls sie sich entscheidet, weiter zu suchen statt ein bestimmtes Produkt zu kaufen, dürfte sich nicht nur der Preis des Produktes ändern. Der nächste Laden befindet sich 500m weiter, er ist besser beleuchtet, führt auch andere Produkte, die Bedienung ist jedoch unfreundlich und es wird kein Umtauschrecht gewährt, usw. Auch im politischen Raum unterscheiden sich Reformvorhaben regelmässig nicht nur im (Steuer)Preis, sondern in vielen anderen Attributen.

Die Conjoint Analysis wurde in den 1960er Jahren von Luce und Tukey (1964) entwickelt und hat sich im Marketing durchgesetzt. Die Anpassung für die Wirtschaftsforschung wurde durch Louviere et al. (2001) geleistet, während McFadden (2001) die Ökonometrie dazu entwickelte (das sog. Random Utility Model). Seither wird die Conjoint Analysis nicht nur für die Produktentwicklung und die Preissetzung von Innovationen verwendet, sondern auch für die Politikberatung, namentlich in der Umwelt- und Energiepolitik. Im Gesundheitswesen gibt es Anwendungen z.B. von Telser et al. (2004), Zweifel et al. (2005) sowie Becker et al. (2007). Diese letztgenannte Publikation bildet auch die Grundlage für diesen Beitrag.

Sowohl der Status quo wie auch die gedachten Alternativen müssen durch Attribute, im Sinne der Neuen Nachfragetheorie von Lancaster (1966), beschrieben werden. Diese Attribute sollten nicht nur relevant, sondern auch realistisch sein und sich natürlich zwischen Status quo und Alternative unterscheiden. Sie sind aber nicht nur auf quantitative Eigenschaften beschränkt, sondern auch können auch qualitativ (vorhanden: Ja/Nein) sein. Im Falle eines Autos wären Motorenstärke, Marke, Farbe, Kofferraumvolumen, Benzinverbrauch, Sicherheitsmerkmale und natürlich der Preis zu nennen. Der vorliegende Beitrag dreht sich um die Neugestaltung der ambulanten medizinischen Versorgung. Hier waren die relevanten Attribute nicht von vorneherein bekannt, sondern mussten durch eine Literaturrecherche sowie die Kenntnisnahme von Befragungsergebnissen (z.b. Gesundheitsmonitor) ermittelt werden. Expertengespräche und Gruppendiskussionen dienten ebenfalls als Grundlage. Das wichtigste Instrument ist aber der Pretest, bei dem eine kleine Anzahl von Probanden als „Versuchskaninchen„ dient. Die Attribute werden dann zu hypothetischen Produkten oder Alternativen kombiniert, indem die Eigenschaften unterschiedliche Ausprägungen annehmen.

Die Grundhypothese ist selbstverständlich die, dass die Individuen stets das beste Angebot wählen, also ihren Nutzen maximieren. Im Experiment werden die TeilnehmerInnen gebeten, wiederholt zwischen dem Status quo und einer immer neu definierten Alternative zu wählen. Die Nutzenfunktion ist spezifiziert wie folgt:

$$U_i = u_i\left(x_1 \cdot b_1, \ldots, b_n \cdot x_n, z\right) = u_1\left(x, b, z\right) \qquad (1)$$

Dies bedeutet, dass die Befragten einen Nutzen ziehen aus der Menge von Gütern x (im vorliegenden Zusammenhang meist $x = 1$: vorhanden oder $x = 0$: nicht vorhanden). Die Eigenschaften pro Einheit (b_i, ...) werden mit den Gütermengen gewichtet. Schliesslich steht z für die sozioökonomischen Eigenschaften (inkl. Einkommen). Nach dem zweiten Gleichheitszeichen erscheinen dieselben Variablen in Vektornotation. Im sog. Modell 1 gilt $U_i = u$, d.h. alle Befragten haben die gleiche Nutzenfunktion. Modell 1 dient dazu herauszufinden, ob die positiv (negativ) gewerteten Attribute die Entscheidung für den Status quo bzw. die Alternative tatsächlich positiv (negativ) beeinflussen. Im Modell II (s.u.) wird diese Einschränkung gelockert, indem die sozioökonomischen Eigenschaften der Befragten berücksichtigt werden.

Die ökonometrische Analyse basiert auf dem Random Utility Model von McFadden (2001). Das Individuum wählt die Alternative j, weil sie gegenüber allen andern Alternativen l den grösseren Nutzen bringt:

$$v_j(p_j, b_j, y_i, s_i, \varepsilon_{ij}) \geq v_l(p_l, b_l, y_i, s_i, \varepsilon_{il}), \ \forall l \neq j \sqrt{b^2 - 4ac} \qquad (2)$$

Hier symbolisiert $v(\cdot)$ das erreichte Nutzenniveau nach Optimierung (die sog. indirekte Nutzenfunktion). Dieses Niveau hängt von zu entrichtenden Preisen (p_j), den Einkommen (y_i) sowie den übrigen sozioökonomischen Eigenschaften s_i ab. Die ε_{ij} sind Zufallseinflüsse, und Individuen (i) variieren in den 8 Szenarien (s.u.; j oder l). Um Missverständnisse zu vermeiden sei betont, dass die Entscheide trotz der ε-Terme als deterministisch gelten. Doch der Experimentator kann nicht alle Einflussgrössen der Nutzenfunktion beobachten, so dass für ihn die Entscheide ein Zufallselement zu enthalten scheinen.

Die TeilnehmerInnen am Experiment werden nun gebeten, wiederholt zwischen dem Status quo und einer Alternative zu wählen, und diese wiederholten Wahlhandlungen lassen sich ökonometrisch auswerten. Dazu braucht es allerdings eine Wahrscheinlichkeitsaussage. Wenn man mit $w(\cdot)$ die deterministische Komponente des indirekten Nutzens bezeichnet, folgt aus Gleichung (2)

$$\text{Prob}\left[\varepsilon_{il} - \varepsilon_{ij} \le w\left(p_j, b_j, y_i, s_i\right) - w\left(p_l, b_l, y_i, s_i\right), \forall l \ne j\right]. \tag{3}$$

Darin ist Prob [·] die Wahrscheinlichkeit, dass sich Individuum i für die Alternative j statt l entscheidet. Es ist also der systematische Unterschied zwischen den erreichten Nutzenniveaus, der die Entscheidungen steuert. Dieser systematische Unterschied dominiert offensichtlich den zufälligen Einfluss ($\varepsilon_{il} - \varepsilon_{ij}$), für den ein Wahrscheinlichkeitsgesetz (üblicherweise Logit oder Probit, hier das letztere) unterstellt werden muss.

Abb. 1: Die marginale Rate der Substitution zwischen zwei Attributen

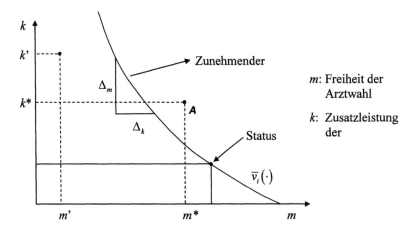

Durch diese Entscheidungen lässt sich die Indifferenzkurve eines Experimentteilnehmers ermitteln. In der Abbildung 1 sind zwei Attribute aufgetragen, z.B. die mögliche Zusatzleistung der Krankenkasse (k) sowie die Freiheit der Arztwahl (m). Der Status quo sei durch eine Kombination dieser beiden Attribute gekennzeichnet, bei der m einen recht hohen, k dagegen einen geringen Wert annimmt. Die für die ganze Mikroökonomie entscheidende Annahme ist nun die, dass andere Kombinationen der Attribute existieren, die von den Befragten subjektiv als gleichwertig, hier auf dem Nutzenniveau $\bar{v}_i$, eingestuft werden. Durch den Status quo verläuft dann eine sog. Indifferenzkurve als Lokus jener gleichwertigen Kombinationen der Attribute.

Abb. 2: Beispielkarte Status quo gegen Alternative (Deutschland, 2003)

	Status quo	Alternative
1. Art der ärztlichen Versorgung	**Frei**	**Ärzteliste**
2. Einholen einer Zweitmeinung	Praxisgebühr	Ohne Überweisung fällt die Praxisgebühr an
3. Zusatzleistungen der Krankenkasse	**Keine**	**Patientenberater der Krankenkasse**
4. Anreizsystem	**Keine**	**Bonus für gesundheitsbewusstes Verhalten**
5. Erhöhung/Senkung Ihres Krankenkassenbeitrags	**Keine**	**Senkung um € 500**
Ich entscheide mich für diese Alternative		☐
Ich entscheide mich für meinen jetzigen Vertrag (blaue Karte)		☐

Jetzt wird im Zuge des Experiments den TeilnehmerInnen die Alternative A präsentiert. Sie ist dadurch gekennzeichnet, dass man bei der Zusatzleistung deutlich mehr erhält, dagegen bei der Freiheit der Arztwahl (m) etwas eingeschränkt wird. Sagt der Proband, er ziehe A dem Status quo vor, kann man daraus schliessen, dass seine Indifferenzkurve auf dem Niveau $\bar{v}_i$ unterhalb von A verlaufen muss (Punkt A liegt höher als der Status quo). Als nächstes wird eine Alternative B präsentiert, mit k' als Zusatzleistung und m' Freiheit der Arztwahl. Hier ist die Einschränkung der Arztwahl so gross, dass das Individuum vorzieht, in Status quo zu verbleiben. Dann muss aber die Indifferenzkurve oberhalb von B verlaufen (Punkt B liegt niedriger als der Status quo). Durch mehrfache Wiederholung der experimentellen Befragung kann man offensichtlich die Indifferenzkurve einmitten.

Von besonderem Interesse ist die Steigung der Indifferenzkurve Δ_k / Δ_m. Sie gibt an, wie viel Zusatzleistung der Krankenkasse genügen würde, um die Einschränkung der Arztwahl gerade zu kompensieren. Man könnte sagen, Δ_k / Δ_m misst die Zahlungsbereitschaft für Zusatzleistungen, ausgedrückt durch das Opfer bei der Freiheit der Arztwahl. Wenn nun aber das Attribut m neu definiert wird als verfügbares Einkommen nach Bezahlung des Krankenversicherungsbeitrags, misst Δ_k / Δ_m die Zahlungsbereitschaft in Geld (das Opfer an verfügbarem Einkommen), das der Proband akzeptieren würde, um in den Genuss von mehr Zusatzleistungen zu gelangen. Damit erhält man tatsächlich eine Zahlungsbereitschaft in Geld für das Attribut k. Durch die

Indifferenzbedingung ist zudem die Freiwilligkeit und damit Akzeptanz gewährleistet.

Im Falle der Untersuchung in Deutschland (Becker et al., 2007) wurden die folgenden fünf Attribute verwendet (vgl. Abbildung 2, jene Attribute, die sich vom Status quo unterscheiden, sind fett eingetragen). Das Attribut Nr. 1 bezieht sich auf die Art der ärztlichen Versorgung. Beim Status quo herrscht die freie Arztwahl. Die Alternative besteht aus einer auf Kosten- und Qualitätskriterien basierenden Ärzteliste, dem Hausarztmodell sowie einem Netzwerk von Haus- und Fachärzten. In der Beispielkarte wird dieses Attribut in der Alternative auf „Ärzteliste" gesetzt. Das Attribut Nr. 2 bezieht sich auf das Einholen einer Zweitmeinung. Im Status quo fällt ohne eine ärztliche Überweisung die Praxisgebühr von € 10 an. Dieses Attribut bleibt in der Beispielkarte der Abbildung 2 unverändert; als Alternative gäbe es auch die Zweitmeinung ohne Zuzahlung. Das Attribut Nr. 3 beschreibt die möglichen Zusatzleistungen der Krankenkasse. Im Status quo gibt es kein besonderes Service- oder Informationsangebot. Die Alternative ist ein Patientenberater mit einer 24-Stunden-Hotline. (in der Beispielkarte eingetragen). Das Attribut Nr. 4 bildet das Anreizsystem ab. Der Status quo in Deutschland kennt kein spezielles Anreizsystem. Zur Diskussion stünden eine Rückerstattung von € 500 jährlich bei Schadenfreiheit, eine Kostenbeteiligung ebenfalls von € 500, sowie ein Bonus für gesundheits-bewusstes Verhalten (z. B. ein kurzer Kuraufenthalt). Schliesslich folgt als Attribut Nr. 5 die Veränderung des Beitrags zur Krankenversicherung. Hier ist im Status quo keine Veränderung angesagt, während die Alternative durch +/-200, +/-300, +/-400 und +/-500 Euro jährlich charakterisiert ist. In der Abbildung 2 ist eine Senkung um € 500 eingetragen, namentlich um die Ärzteliste zu kompensieren. Die TeilnehmerInnen am Experiment mussten lediglich angeben, ob sie sich für die Alternative oder den Status quo entscheiden würden.

3.   Deskriptive Ergebnisse

Wenn man alle Variationen der Attribute kombinieren würde, ergäben sich Hunderte wenn nicht sogar Tausende von Alternativen. Um die Dauer des Inter-views zu begrenzen, braucht es eine sog. Designoptimierung, die im vorliegen-den Fall eine Reduktion auf 24 Alternativen erlaubt, dies bei minimalem Infor-mationsverlust. Diese 24 Alternativen wurden in drei Teilmengen von acht zufällig gewählten Entscheidungen aufgeteilt, so dass jeder Teilnehmer am Experiment acht Mal zwischen dem Status quo und einer Alternative zu wählen hatte. Um einigermassen sicher zu sein, relevante Attribute gewählt zu haben, wurde ein Pretest mit zwanzig Testpersonen durchgeführt. Dieser Pretest führte zu minimalen Anpassungen, so dass im Herbst 2003 die Hauptbefragung (schriftlich) mit 1003 TeilnehmerInnen des sog. TNS-Panels durchgeführt werden konnte. Nach einigen einleitenden Fragen zur Nutzung des Gesundheitssystems und zu grundsätzlichen Einstellungen zu Veränderungen in der medizinischen Versorgung sowie allgemeinen Fragen zur Person folgte das eigentliche Marktexperiment. Die Stichprobe umfasste lediglich GKV-Mitglieder zwischen 18 und 79 Jahren. Rund 56% der Befragten waren Frauen, 79% stammten aus Westdeutschland (der Osten wurde also überrepräsentiert, der an sich glaubwürdigen Vorstellung folgend, dass sich die Einwohner der früheren DDR in ihren Präferenzen wesentlich von jenen Westdeutschlands unterscheiden würden). Ganze 20% der TeilnehmerInnen stuften ihren Gesundheitszustand als schlecht ein, und nicht weniger als 33% gaben an, an einer chronischen Krankheit zu leiden. Entsprechend war der Anteil mit mindestens einem krankheitsbedingten Arztbesuch in den vergangenen zwölf Monaten hoch, nämlich 71%.

Eine einleitende Frage bezog sich auf die Einführung neuer Versorgungsformen in Deutschland. Nicht weniger als 55% der TeilnehmerInnen stuften diese Frage als wichtig oder sehr wichtig ein. Zudem wurde die Zusammenarbeit der behandelnden Ärzte nur von 18% als ausgezeichnet oder sehr gut beurteilt. Aufgrund solcher Befunde vom soziologischen Typ könnte man schliessen, die Bevölkerung Deutschlands sei für Managed Care zu haben. Denn sie scheint an neuen Versorgungsformen interessiert und könnte sich zudem von Managed Care eine verbesserte Zusammenarbeit der behandelnden Ärzte erhoffen.

Nur schon die deskriptiven Ergebnisse aus dem ökonomischen Discrete-Choice-Experiment zeigen jedoch in eine andere Richtung, denn 20% der TeilnehmerInnen wählten in den acht Entscheidungen nie die Alternative; dies sind sog. Status-quo-AnhängerInnen. Immerhin schätzten umgekehrt 80% mindestens eine Alternative besser ein als den Status-quo-Versicherungsvertrag; dies sind die Wechselwilligen. Nur gerade 4% trafen keine der acht Entscheidungen; sie sind die Antwortverweigerer. Für die Status-quo-AnhängerInnen gilt, dass sie tendenziell älter sind, ein niedriges Bildungsniveau aufweisen, einen schlechteren Gesundheitszustand haben und in den letzten drei Jahren nie ihren Krankenversicherer wechselten. Es stellt sich damit die Frage, was es brauchen würde, um auch die Status-quo-AnhängerInnen für einen Wechsel in der Gesundheitsversorgung zu gewinnen. Die Antwort darauf ist Gegenstand des nächsten Abschnitts.

4. Ergebnisse der ökonometrischen Analyse

4.1 Modell 1: Einflüsse lediglich der Attribute

Im Modell 1 konnten die folgenden Zahlungsbereitschaftswerte ermittelt werden (vgl. Tabelle 1). Die Wechselwilligen würden gemäss dieser Schätzung € 346 jährlich als Kompensation verlangen, um eine auf Kosten und Qualität basierende Ärzteliste, zusammengestellt durch den Krankenversicherer, zu akzeptieren. Der Standardfehler von € 31 zeigt, dass dieser Wert klar von Null unterschieden werden kann. Das Hausarztmodell würde demgegenüber eine dreimal geringere Kompensation bedingen. Dieser Unterschied ist intuitiv einleuchtend, schränkt doch ein Hausarztmodell die Arztwahl deutlich weniger ein als eine Ärzteliste. Das Ärztenetzwerk steht mit einer Kompensationsforderung von € 203 jährlich dazwischen. Auch dies ist begründbar, weil ein Ärztenetzwerk die Menge der im Überweisungsfall teilnehmenden Ärzte zwar beschränkt, aber doch weniger als eine Ärzteliste.

Wie zu erwarten, ist die kostenfreie Zweitmeinung den deutschen ProbandInnen etwas wert, nämlich € 80 pro Jahr. Erstaunlicherweise ist die Zahlungsbereitschaft für zusätzlichen Service der Krankenkasse mit € 123 sogar höher.

Von besonderem Interesse sind die Anreizsysteme. Die Beitragserstattung von € 500 generiert eine massive Zahlungsbereitschaft von € 359 jährlich. Die Wahlhandlungen der ExperimentteilnehmerInnen lassen also darauf schliessen, dass sie bereit wären, gegen € 360 zu bezahlen, um Risiko im Betrag von € 500 zu tragen (d.h. gegebenenfalls den Bonus für Schadenfreiheit zu verlieren). Dagegen müsste eine Selbstbeteiligung im Betrag von € 500 jährlich mit nicht weniger als € 246 kompensiert werden. Auf den ersten Blick erscheint das Risiko genau gleich zu sein, nämlich für die ersten € 500 selbst aufkommen zu müssen. Wie jedoch schon in Zweifel (1992, 3. Kap.) ausgeführt, besteht ein wesentlicher Unterschied zwischen den beiden Kostenbeteiligungsformen. Im Falle der festen Selbstbeteiligung müssen die Betroffenen sowohl den nichtfinanziellen Verlust an Gesundheit wie auch die finanzielle Belastung in aller Regel während des gleichen Quartals tragen. Sie sind also einer Kumulation von Risiken ausgesetzt. Im Falle eines Bonus für Schadenfreiheit dagegen können sie sich entscheiden, im Quartal des Schadens an der Gesundheit die Versicherung in Anspruch zu nehmen, den finanziellen Schaden dagegen in die Zukunft zu verschieben. Dieser finanzielle Schaden besteht darin, dass den Bonus zu verlieren, d.h. eine Zeit lang den vollen Versicherungsbeitrag entrichten zu müssen. Von daher ist die Asymmetrie der beiden Anreizelemente verständlich. Schliesslich sind die ExperimentteilnehmerInnen auch bereit,

€ 203 zu bezahlen, um gegebenenfalls in den Genuss eines Bonus für präventives Verhalten zu kommen.

Tabelle 1: Durchschnittliche Zahlungsbereitschaften (Modell 1, Deutschland)

	ZB/KF[a] in € pro Jahr	Standardfehler
Ärzteliste (Kosten/Qualität)	-346*	31
Hausarztmodell	-115*	29
Ärztenetzwerk	-203*	30
Zweitmeinung	80*	22
Service Krankenkasse	123*	22
Beitragsrückerstattung	359*	30
Selbstbeteiligung	-246*	34
Bonus für Prävention	203*	38
Konstante	-500*	36

[a] ZB = Zahlungsbereitschaft, KF = Kompensationsforderung (negative Werte)
*: Statistisch signifikant von Null verschieden (Irrtumswahrscheinlichkeit ≤ 0.05)

Die negative Konstante weist darauf hin, dass die Status-quo-AnhängerInnen mit € 500 jährlich kompensiert werden müssten, um überhaupt eine Änderung ihrer Gesundheitsversorgung in Betracht zu ziehen. Das ist ein sehr hoher Wert, erreicht er doch etwa 15% des durchschnittlichen jährlichen Beitrags in Deutschland.

4.2 Modell 2: Einflüsse sozioökonomischer Eigenschaften

Eine zentrale Hypothese dieser Untersuchung ist die, dass sich die Zahlungs-bereitschaften bzw. Kompensationsforderungen zwischen den sozioökono-mischen Gruppen unterscheiden, dass es also Präferenzheterogenität gibt. Als Merkmale kommen das Geschlecht, das Alter und namentlich der Gesundheits-zustand in Frage. Im Modell 2 wird diese Hypothese geprägt, indem die Re-gressionsgleichung mit Interaktionsvariablen zwischen den Vertragsattributen und den sozioökonomischen Eigenschaften ergänzt wird (z.B. Alter x Ärzte-liste). Die in der Tabelle 2 ausgewiesenen Werte gelten jeweils für das durchschnittliche Individuum in der betrachteten Teilpopulation.

Tabelle 2: Zahlungsbereitschaften und Kompensationsforderungen nach sozioökonomischen Gruppen (Deutschland, 2003)

ZB/KF in € pro Jahr	$Ø^{a)}$	Ärzteliste	$Ø^{a)}$	Hausarzt-modell	$Ø^{a)}$	Ärzte-netzwerk
Frauen	-346	-374	-115	-147	-203	-250
Männer		-318		-75		-150
< 43 Jahre		-346		-115		-212
43-59 Jahre		-361		-100		-208
> 59 Jahre		-375		-158		-219
Nicht-Chroniker		-320		-106		-199
Chroniker		-443		-156		-217
Kein krankheitsbedingter Arztbesuch		-338		-164		-203
Krankheitsbedingter Arztbesuch		-351		-95		-205
$^{a)}$ Ø: Durchschnittswert (vgl. Tabelle 1)						

Die Tabelle 2 beschränkt sich auf die drei konstitutiven Elemente von Managed Care (Ärzteliste, Hausarztmodell, Ärztenetzwerk). Während für die Ärzteliste die durchschnittliche Kompensationsforderung € 346 beträgt, scheinen die Frauen etwas höher zu liegen als die Männer; doch der Unterschied ist statistisch nicht signifikant. Hingegen kann man sagen, dass mit zunehmendem Alter die Kompensationsforderung zunimmt. In Bezug auf das Hausarztmodell scheint es, dass die Frauen doppelt so hoch kompensiert werden müssten wie die Männer. Doch aus der Abbildung 3 geht hervor, dass sich die beiden Verteilungen zu sehr überlappen, um auf statistisch signifikante Unterschiede schliessen zu können. Wiederum spielt das Alter eine systematische Rolle; zudem erheben Chroniker höhere Kompensationsforderungen als Nichtchroniker, wie auch ProbandInnen mit einem krankheitsbedingten Arztbesuch gegenüber solchen ohne. Was schliesslich das Ärztenetzwerk betrifft, weisen die Frauen einmal mehr eine höhere Kompensationsforderung auf als die Männer.

6.   Schlussfolgerungen

Währendem Befragungen vom soziologischen Typ auf eine positive Einstellung der deutschen Bevölkerung gegenüber neuen Versorgungsformen im Gesundheitswesen im Sinne von Managed Care schliessen lassen, besteht aus ökonomischer Sicht eher Skepsis. Denn Managed Care bedeutet nichts anderes als Einschränkung der Wahlfreiheit, beispielsweise bezüglich des Arztes. Doch Einschränkungen müssen in der Regel kompensiert werden, damit sie freiwillig akzeptiert werden. Hier können Marktexperimente zu genaueren Informationen

Abb. 3: Geforderte Kompensationen für das Hausarztmodell

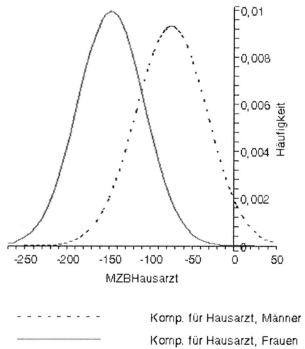

MZBHausarzt

- - - - - - - - -   Komp. für Hausarzt, Männer

——————————   Komp. für Hausarzt, Frauen

verhelfen. Die Wahl besteht hier zwischen den Contingent-Valuation-Verfahren und der Conjoint Analysis, wobei im letzteren Fall Discrete-Choice-Experimente (DCE) ein Einmitten der sog. Indifferenzkurve erlauben. Sie sind insofern sehr gut in der mikroökonomischen Theorie verankert. Mit Hilfe von DCE kann man auch eine realistische Entscheidungssituation abbilden und durch die gleichzeitige Bewertung und Abwägung mehrerer Attribute vermeiden, dass die TeilnehmerInnen am Experiment strategisch antworten.

Das Ergebnis dieser Marktexperimente besteht in der Schätzung von Zahlungsbereitschaften für positiv gewertete Attribute und von Kompensationsforderungen für negativ bewertete. Diese Schätzungen gehen aber nicht aus einer direkten Befragung hervor (dies wäre nicht sehr realistisch, weil sich ja kaum je ein Konsument fragt, wie viel er oder sie maximal für ein Produkt aufzuwenden bereit wäre). Vielmehr werden mit ökonometrischen Methoden aus den wiederholten Wahlhandlungen die Zahlungsbereitschaftswerte herausgefiltert. Es handelt sich dabei um eine sog. Probit-Regression, deren Konstante den Hang zum Status quo abbildet (falls sie einen negativen Wert aufweist). Für

Deutschland stellt sich heraus, dass dieser Status quo mit durchschnittlich € 500 jährlich (Basis 2003) überwunden werden müsste, was im internationalen Vergleich relativ viel ist [in den Niederlanden sind es nur gerade € 250; vgl. Becker et al. (2007).

Was die einzelnen Attribute betrifft, so muss der Verzicht auf die freie Arztwahl bei weitem am höchsten kompensiert werden, nämlich mit nicht weniger als € 346 jährlich. Die Integration in ein Ärztenetzwerk sowie die Teilnahme an einem Hausarztmodell rufen dagegen deutlich geringere Kompensationsforderungen hervor. Umgekehrt sind die Deutschen offenbar bereit, für eine kostenfreie Zweitmeinung etwa € 80 und für eine Patientenberatung um die Uhr rund € 123 zu bezahlen. Von besonderem Interesse sind die Anreizelemente. Hier stellt man eine markante Asymmetrie zwischen einer Bonusoption im Werte von € 500 jährlich und einer festen Kostenbeteiligung im gleichen Betrag fest. Die Bonusoption hat eine positive Zahlungsbereitschaft von rund € 359, während die Kostenbeteiligung mit € 246 vergütet werden müsste. Der Bonus für gesundheitsförderndes Verhalten ruft eine Zahlungsbereitschaft von rund € 203 jährlich hervor.

Eine wichtige Frage ist die nach der Allgemeingültigkeit dieser Werte: Sind die Präferenzen der Deutschen bezüglich Managed Care einheitlich oder unterschiedlich? Interessanterweise zeichnet sich hier zumindest eine Tendenz ab, dass die Chroniker für Einschränkungen vom Managed-Care-Typ höher kompensiert werden müssten als andere (im Einzelfall ist der Unterschied jedoch nicht immer statistisch signifikant). Dieses Ergebnis ist insofern von Bedeutung, weil bis vor Kurzem die deutsche Gesundheitspolitik auf spezielle Programme für Chroniker mit Managed Care-Elementen setzte. Unterschiede gibt es auch zwischen den Altersklassen, indem die über 59-Jährigen deutlich höher kompensiert werden müssten, um eine Ärzteliste oder das Hausarztmodell zu akzeptieren. Beim Hausarztmodell fällt überdies ins Gewicht, ob in den vergangenen zwölf Monaten ein krankheitsbedingter Arztbesuch erfolgte oder nicht. Hingegen sind zwischen Ost- und Westdeutschland keine Unterschiede erkennbar, sobald das höhere Alter und niedrigere Einkommen der ProbandInnen aus Ostdeutschland berücksichtigt wird.

Insgesamt kann man aber sagen, dass verschiedene sozioökonomischen Gruppen Deutschlands deutliche Präferenzunterschiede aufweisen. Dieses Ergebnis ist deshalb wichtig, weil Einheitslösungen wahrscheinlich nicht durchweg auf Akzeptanz stossen würden. Vielleicht ist die Zeit der grossen Einheitslösungen im Bereich der Gesundheitsversorgung vorbei. Im Nachhinein kommt diese Erkenntnis wenig überraschend; schliesslich ist die Art der Gesundheitsversorgung etwas vom Persönlichsten, was man sich vorstellen kann.

Literatur:

Becker, K. (2006), Flexibilisierungsmöglichkeiten in der Krankenversicherung, Hamburg: Dr. Kovač

Becker, K., Brändle, A. und Zweifel, P. (2007), Das Discrete-Choice-Experiment, in: Böcken, J. et al. (Hrsg.), Neue Versorgungsmodelle im Gesundheitswesen – Gestaltungsoptionen im internationalen Vergleich, Gütersloh: Verlag Bertelsmann Stiftung, 38-151

Lancaster, K.J. (1966), A New Approach to Consumer Theory, in Journal of Political Economy (74) 2, 132-157

Luce, R.D. und Tukey, J.W. (1964), Simultaneous Conjoint Measurement – A New Type of Fundamental Measurement, in: Journal of Mathematical Psychology (1), 1-27

Louviere J.J. et al. (2001), Conjoint Preference Elicitation Methods in the Broader Context of Random Utility Preference Elicitation Methods, in: A. Gustaffson et al. (eds): Conjoint Measurement, 305-344

McFadden, D. (2001), Economic Choices, in: The American Economic Review (91) 3, 351-378

Telser, H. et al. (2004), Was leistet unser Gesundheitswesen? Zürich: Rüegger

Zweifel, P., Telser H. und Vaterlaus, S. (2006), Consumer resistance against regulation: the case of health care, J. Regulatory Economics, 29(3), May, 319-32

"Die Erwartungen des Gesetzgebers an neue Versorgungsformen"

Michael Dalhoff

1. Die Anforderungen an die medizinische Versorgung

Die Verbesserung der medizinischen Versorgung von Patientinnen und Patienten ist eine kontinuierliche Aufgabe der Gesundheitspolitik. Der fortlaufende medizinische Fortschritt und der medizinisch-technische Fortschritt führen zu einer andauernden Spezialisierung und Intensivierung der medizinischen Behandlung.[1] Sie bringen somit einen Trend zur Differenzierung der medizinischen Leistungen und Therapiemöglichkeiten mit sich, der die Anforderungen an das Versorgungssystem permanent steigert[2]. Diese Entwicklungstendenzen führen zu einer Differenzierung der Art und Weise der Erfüllung der Leistungsansprüche und damit zu einem Trend einer Differenzierung des Versorgungsbedarfs und der Versorgungsangebote in der gesetzlichen Krankenversicherung (GKV). Hinzu kommen die gestiegenen Anforderungen zur Behandlung der sog. "Volkskrankheiten" (z.B. koronare Herzkrankheiten, Asthma, Diabetes, multiple Sklerose, Rheuma) der chronischen Erkrankungen (z.B. Herz-Kreislauferkrankungen, chronisch verengte Atemwege, Diabetes, Rheuma, Depression, Bluthochdruck) sowie der Kombination beider Erkrankungsarten und die Herausforderungen durch die demografische Entwicklung einer älter werdenden Gesellschaft.[3]

Differenzierung und Spezialisierung erhöhen in einer arbeitsteiligeren Versorgung auch entsprechend den Kooperations- und Koordinationsbedarf. Zusammenarbeit der Beteiligten und Koordination der Leistungen gewinnen somit immer mehr an Bedeutung.[4] Dies gilt zunächst zwischen den medizinischen Fachdisziplinen, im Weiteren innerhalb der Versorgungseinrichtungen, innerhalb der Versorgungssektoren, zwischen den Versorgungssektoren, mit anderen Organisationen in Versorgungsketten und schließlich auch zwischen den Leistungsträgern der verschiedenen Sozialversicherungszweige. Damit erhöhen sich ständig die Anforderungen auch an die GKV-Versorgungsorganisation. Zugleich erhöht sich der Aufwand zur Steuerung dieser immer differenzierteren medizinischen Leistungen und deren Koordination im GKV-System: Eine effektive Versorgung ist immer gezielter

---

[1] Beispiele für Aids, Kreislauferkrankungen, Diabetes Mellitus, Krebserkrankungen, rheumatische und psychiatrische Erkrankungen bei Schwartz u.a. 2003 S. 556 ff.

[2] vgl. Schwartz u.a. 2003 S. 269 ff

[3] vgl. Schwartz u.a. 2003 S. 163 ff

[4] vgl. Schwartz u.a. 2003 S. 695

auf spezifizierte Behandlungen einzelner Erkrankungen in Abstimmung zahlreicher Akteure auszurichten.

Zudem steigen die Anforderungen an die GKV-Versorgung durch den permanenten Wirtschaftlichkeitsdruck, der über die Begrenzung des Einsatzes von finanziellen Ressourcen in der GKV entsteht. Hier seien nur die im Zusammenhang der globalen Entwicklung stehenden Stichworte genannt: Steigende Beitragssätze der GKV resultieren nicht nur aus dem bereits genannten medizinischen Fortschritt, der Zunahme chronischer Erkrankungen und der demographischen Entwicklung, sondern auch, dies muss immer wieder betont werden, aus bestehenden Versorgungsmängeln, allem voran aus der starren Trennung der ambulanten und stationären Leistungssektoren[5], aber auch – und dies gilt bisher auch nach Einführung des Gesundheitsfonds – aus der schmalen Einnahmebasis der Einkommen abhängig Beschäftigter. Die damit verbundene Tendenz zur Beitragssatzsteigerungen und die damit einhergehenden gesetzlichen Regelungen zur Begrenzung dieser Steigerungen erzeugen einen sehr starken wirtschaftlichen Druck, dem durch permanente Effizienzsteigerung des Systems zu begegnen ist.

2.   Erwartungen des Gesetzgebers an die neuen Versorgungsformen

Damit sind wir bereits bei den Erwartungen des Gesetzgebers an neue Versorgungsformen angelangt:

Effizienzsteigerung des Systems ist das Stichwort auch für diese neuen Versorgungsformen. Der Trend ist: Alte Strukturen brechen auf, neue Wege werden beschritten, Patientinnen und Patienten erhalten immer mehr Versorgungsangebote, die ihren individuellen Bedürfnissen entsprechen, sowohl eine bessere medizinische Information und Aufklärung, medizinische Betreuung und Behandlung als auch eine bessere Serviceorientierung. Neue Versorgungsformen sollen vielfältige Kooperationen schaffen, die darauf abzielen, eine umfassende durchstrukturierte und –organisierte Versorgung der jeweiligen Patientinnen und Patienten mit ihrem differenzierten Behandlungs-bedarf zu erreichen.[6] Die Erwartungen des Gesetzgebers an diese neuen Versorgungen sind also hoch:

▪ Die medizinische Behandlung soll zielgenauer werden.
▪ Der medizinische Fortschritt soll zeitnah umgesetzt werden.
▪ Die Behandlung der sog. "Volkskrankheiten" und der chronischen Erkrankungen soll verbessert werden.

---

[5] Knieps 2006 Anm. 2
[6] vgl. Knieps 2006 Anm. 1 sowie aktuell unter Einbeziehung des GKV-Wettbewerbs-stärkungsgesetzes Knieps 2007 S. 13 ff., allgemein zu den managed care-Ansätzen Amelung 2007

- Die einzelnen Versorgungsleistungen sollen besser miteinander abgestimmt werden.
- Die starre Trennung der Leistungssektoren soll aufgebrochen werden.
- Flexiblere vertragliche Regelungen sollen eine differenziertere Versorgung ermöglich.
- Die Entscheidungsstrukturen sollen stärker hin auf die Akteure vor Ort dezentralisiert werden.
- Die Leistungserbringung muss transparenter werden.
- Die medizinischen Leistungen müssen qualitätsgerechter erbracht werden.
- Die Patientinnen und Patienten sind besser aufzuklären und zu aktivieren.

3. Rechtsgrundlagen und Entwicklungen der neuen Versorgungsformen

3.1 Modellvorhaben und Strukturverträge

Die Bestrebungen zur Ergänzung der bestehenden Regelversorgung sind nicht neu. Bereits im Jahr 1989 wurden die Modellvorhaben zur Erprobung neuer Versorgungsformen eingeführt. Sie gelten mit Modifikationen bis heute - §§ 63 ff. SGB V: Krankenkassen oder ihre Verbände sowie entsprechend auch Kassenärztliche Vereinigungen können auf der Grundlage von Satzungsrecht befristete Modellvorhaben zur Leistungserbringung durchführen oder mit zugelassenen Leistungserbringern vereinbaren.

Modellvorhaben konnten aus vielfältigen Gründen keine allzu große Bedeutung erlangen. Hier soll nur auf die Modellprojekte für Akupunkturleistungen als die wichtigsten durchgeführten Modellvorhaben hingewiesen werden. Diese Leistungen sind in die gesetzliche Kranken-versicherung in begrenztem Umfang in einem gesetzgeberisch keineswegs vorgedachten funktionalen Zusammenspiel von Entscheidungen des Gemein-samen Bundesausschusses und Modellversuchsprogrammen eingeführt worden. Die Erfahrungen der Modellprogramme mündeten in die Richtlinie des Gemeinsamen Bundesausschusses zu Akupunkturleistungen.[7]

Eine frühe Möglichkeit, neue Versorgungsformen in der vertragsärztlichen Versorgung zu institutionalisieren, eröffneten die gesetzlichen Regelungen zu den Strukturverträgen, die ab Mitte 1997 durch die Landesverbände der Krankenkassen und die Kassenärztlichen Vereinigungen geschlossen werden konnten - § 73 a SGB V. Die Regelungen zielten insbesondere auf eine Versorgung in vernetzten Praxen. Diese Vertragsbeziehungen erlangten kaum

---

[7] Inzwischen sieht die Verfahrensordnung des Gemeinsamen Bundesausschusses regelhaft die Möglichkeit eines solchen Zusammenspiels vor.

praktische Bedeutung und wurden zum Teil in integrierte Versorgungsverträge überführt.

Einen Schub der Entwicklung brachte das GKV-Modernisierungsgesetz 2004 (GMG). Es hatte den eigentlichen Startschuss dafür gegeben, dass sich besondere Versorgungsformen entwickeln konnten. Hierzu wurden nicht die Regelungen zu Modellvorhaben umstrukturiert und weiterentwickelt, sondern parallel weitere neue Versorgungsformen gesetzlich eingeführt.

3.2 Integrierte Versorgung: Kooperation über Sektorengrenzen hinweg

Die integrierte Versorgung als umfassende und zugleich variabel auszugestaltende Versorgungsform nimmt im Rahmen der Kooperationsformen eine wesentliche Schlüsselfunktion ein. Sie kann sowohl eine indikationsbezogene als auch eine räumlich begrenzte bevölkerungsbezogene kooperative und koordinierende Versorgung über Berufs- und Sektorengrenzen hinweg ermöglichen, wobei die Beteiligten selbst große Freiräume bei der konkreten Ausgestaltung des "Regelwerks" nutzen können. Diese übergreifende Versorgung eigenverantwortlich zu regeln, stellt hohe bis sehr hohe Anforderungen an die Beteiligten.[8]

Rechtsgrundlagen der integrierten Versorgung

Die Möglichkeit zum Abschluss integrierter Versorgungsverträge wurde im GKV-Gesundheitsreformgesetz 2000 eingeführt. Nach gezielten gesetzlichen Änderungen[9] gelten für Verträge zur integrierten Versorgung aktuell folgende gesetzliche Vorgaben:

Einzelne Krankenkassen können Verträge zur integrierten Versorgung in zweifacher Hinsicht abschließen, sowohl zu einer verschiedene Leistungssektoren übergreifenden Versorgung (ambulant/stationär) als auch zu einer interdisziplinär-fachübergreifenden Versorgung (Fachärzte verschiedener Fachgebiete oder Hausärzte/Fachärzte) – § 140 a Abs. 1 Satz 1 SGB V. Sie sollen eine Flächendeckung der Versorgung ermöglichen. Eine Befristung der Vorhaben wie bei den Modellvorhaben ist gesetzlich nicht vorgegeben.[10]

Vertragspartner der Krankenkassen können alle zugelassenen GKV-Leistungserbringer, Pflegekassen und –einrichtungen sowie Management-

---

8   Diese Anforderungen verdeutlichen zugleich nicht nur die Defizite, sondern auch das insgesamt durchaus hohe Niveau, das die bisherige kollektive Regelversorgung erreicht hat.

9   zu den Änderungen und deren Gründe näher Knieps 2007, S. 16 f

10 Somit soll nach Knieps 2007 S. 16 die integrierte Versorgung eine zweite Form der Regelversorgung werden.

Gesellschaften sein. Die Leistungsinhalte können frei und gezielt vertraglich gestaltet werden bis zur Grenze der Leistungen, über die der Gemeinsame Bundesausschuss eine ablehnende Entscheidung getroffen hat. Vorgaben zur Qualitätssicherung in der Regelversorgung gelten nicht unmittelbar - § 140 b Abs. 3 SGB V.

Die Teilnahme der Versicherten ist freiwillig - § 140 a Abs. 2 SGB V. Die Krankenkasse hat entsprechende Wahltarife (ohne Querfinanzierung) anzubieten - § 53 Abs. 3 und 9 SGB V. Auf die Vergütung erfolgt in eigenständigen vertraglichen Regelungen, losgelöst von den Vergütungssystem der Regelversorgung - § 140 c SGB V. Sehr schwierig sind die "Bereinigungen" der Vergütungsverträge in der kollektiven vertragsärztlichen und stationären Versorgung. Für den Zeitraum bis Ende des Jahres 2008 schafft die sogenannte Anschubfinanzierung Erleichterung (1 % pauschaler Abzug von den Gesamtvergütungen bzw. Kranken-Rechnungen - § 140 d Abs. 1 SGB V).

Stand und vorläufige Bewertung der integrierten Versorgung

Aktuell gibt es mehr als 5.000 Verträge zur integrierten Versorgung mit einem Vergütungsvolumen von mehr als 750 Mio. Euro.[11]

Inhaltlich wurden zunächst vorwiegend Insellösungen angestrebt: Typisch für die in den ersten Monaten nach Inkrafttreten des GMG abgeschlossenen IV-Verträgen waren auf bestimmte medizinische Indikationen ausgerichtete Verträge, die die gesamte Behandlung vom unmittelbaren Eingriff bis hin zur Rehabilitation umfassten (vor allem Hüft- und Knieendoprothesen, Herzchirurgie). Zudem wurden zunächst bisherige Projekte (Modellvorhaben etc.) in integrierte Versorgungsverträge umgewandelt und im Übrigen in aller Regel nur neue kleinere Projekte angegangen.

Inzwischen ist ein Trend zu Verträgen zur integrierten Versorgung versorgungsrelevanter Volkskrankheiten wie Herz-Kreislauf-Erkrankungen, Adipositas, Diabetes, Schlaganfallprävention oder Bandscheibenerkrankungen festzustellen.

Zunehmend werden auch Verträge auf Landes-, im Ausnahmefall sogar auf Bundesebene zur Versorgung größerer Regionen geschlossen.

Soweit ersichtlich, ist bisher lediglich ein Vertrag (AOK Baden-Württemberg, Versorgung im Kinzigtal) abgeschlossen worden, der das gesamte Krankheitsspektrum der Versicherten einer Krankenkasse abdeckt (Vollversorgung) und

---

[11] Angaben der von der Kassenärztlichen Bundesvereinigung, der Deutschen Krankenhausgesellschaft und den Spitzenverbänden der Krankenkassen eingerichteten gemeinsamen Registrierungsstelle zur Unterstützung der Umsetzung des § 140d SGB V. http://www.bqs-register140d.de
Stand: 17. Januar 2008

48

damit die integrierte Versorgung zur umfassenden Alternative zur Regelversorgung macht.[12]

Die Zwischenbilanz lautet trotz der aufgezeigten vielversprechenden Ansätze: Nach wie vor weist die integrierte Versorgung im Verhältnis zur kollektivvertraglich organisierten Regelversorgung keinen qualitativ und quantitativ erheblichen Versorgungsanteil auf. Dies zeigt schon das Vergütungsvolumen von 700 Mio. € im Vergleich zum GKV-Gesamt-leistungsvolumen von derzeit ca. 150 Mrd. € an.

In der integrierten Versorgung stecken noch erhebliche Entwicklungspotentiale. Es hat sich bei der integrierten Versorgung zwar bereits einiges bewegt – aber: Es muss noch erheblich mehr passieren.

3.3 Strukturierte Behandlungsprogramme bei chronischen Krankheiten (DMPs)

Strukturierte Behandlungsprogramme sind gezielt ausgerichtet auf die Versorgung bei bestimmten einzelnen Erkrankungen.

Rechtsgrundlagen

Nach § 137 f SGB V empfiehlt der Gemeinsame Bundesausschuss dem Bundesministerium für Gesundheit
a) geeignete chronischen Krankheiten, für die strukturierte Behandlungsprogramme entwickelt werden sollen sowie
b) Anforderungen an die Ausgestaltung der Behandlungsprogramme.

Das Bundesministerium für Gesundheit setzt diese Empfehlungen in der Risikostrukturausgleichsverordnung (RSA-V) um - § 266 Abs. 7 Nr. 3 SGB V. Das Bundesversicherungsamt erteilt die Zulassung der Programme nach den Vorgaben der RSA-V - § 137 g SGB V. Die in diese Programme eingeschriebenen Versicherten werden aufgrund entsprechender Datenerhebung im Risikostrukturausgleich berücksichtigt - § 267 Abs. 2 Satz 4 SGB V. Die gesonderte Datenerhebung und Berücksichtigung entfällt allerdings ab 01.01.2009 mit Einführung des morbiditätsorientierten Risikostrukturausgleichs.[13]

Es gibt keine gesetzlichen Vorgaben für die Vertragsform zur Umsetzung der strukturierten Behandlungsprogramme. Sie können folglich in kollektiven

---

[12] Es gibt für die Integrierten Versorgungsverträge bisher kein gesetzlich vorgegebenes Meldesystem, das einen Überblick über die Inhalte der vereinbarten Versorgungsleistungen verschaffen könnte, obwohl die wettbewerbliche Ausrichtung der integrierten Versorgung ein solches Meldesystem nicht ausschließt.

[13] Art. 1 Nr. 179 b) bb) GKV-Wettbewerbsstärkungsgesetz

Verträgen, in integrierten Versorgungsverträgen, einheitlich oder getrennt nach Kassen oder Kassenarten gestaltet werden. In der Praxis sind die Programme Bestandteil der kollektiven Verträge.

Entwicklung der strukturierten Behandlungsprogramme

Schon vor dem GKV-Modernisierungsgesetz 2004 waren die DMPs eingeführt worden. Inzwischen kann auf eine fünfjährige DMP-Geschichte zurückgeblickt werden, die aus Sicht des Bundesgesundheitsministeriums durchaus als Erfolgsgeschichte gesehen wird. Trotz vieler Schwierigkeiten und massiver Kritik zu Beginn der zertifizierten Chronikerprogramme und trotz aller Widerstände auf Seiten der verschiedenen Akteure haben sich die DMP heute in der Versorgung in Deutschland erfolgreich etabliert.

Aktuell gibt es DMPs für sechs Krankheiten: Diabetes Typ 1 oder Typ2, koronare Herzkrankheit, Asthma bronchiale, chronisch obstruktive Lungenerkrankung und Brustkrebs.

DMPs werden von den Versicherten angenommen, der Versicherungsansatz wird von den Krankenkassen – nicht zuletzt wegen der Berücksichtigung im Risikostrukturausgleich, unterstützt: Bereits über 3 Millionen Patientinnen und Patienten sind in zugelassene Programme eingeschrieben. Die Zahl steigt nach wie vor stetig an. Die meisten Versicherten - inzwischen über 2 Millionen – nehmen an Typ 2-Diabetes-DMPs teil. Wenn man von den Expertenschätzungen von ca. 5-6 Millionen bekannten Diabetikern ausgeht, sind dies mindestens ein Drittel bis knapp die Hälfte aller Typ 2-Diabetiker in Deutschland.

Besonders wichtig ist die Möglichkeit an evaluierten Schulungen teilzunehmen, um eigene Bewältigungskompetenzen zu entwickeln und Compliance zu gewährleisten. Denn viele chronische Krankheiten, wie zum Beispiel der Typ 2-Diabetes, können vom Patienten selbst durch positive Verhaltensänderung – etwa durch Lebensstiländerungen wirksam beeinflusst werden.

Insbesondere die ersten Ergebnisse der gesetzlich vorgeschriebenen Evaluation – speziell jene für die klinischen Endpunkte – sind angesichts der anhaltenden Kritik an angeblicher "Kochbuchmedizin" und "Subventionsmentalität" von besonderer Bedeutung. Das Bundesversicherungsamt und das Gesundheitsministerium werden diese Ergebnisse sorgfältig analysieren und dahingehend prüfen, ob und wie die DMP noch weiter optimiert werden können.

3.4 Medizinische Versorgungszentren

Medizinische Versorgungszentren entwickeln in der ambulanten Versorgung die ärztliche Einzelpraxis zu übergreifenden Organisationsformen weiter.

Rechtsgrundlagen

Medizinische Versorgungszentren sind fachübergreifende ärztlich geleitete Einrichtungen, in der Vertragsärzte oder angestellt Ärzte tätig sind - § 95 Abs. 1 Satz 2 SGB V, eingeführt durch das GKV-Modernisierungsgesetz 2004. Das Vertragsarztrechtsänderungsgesetz aus dem Jahr 2006 hat ergänzende Klarstellungen und Konkretisierungen getroffen. Insbesondere können Ärzte sowohl im Krankenhaus als auch in einem medizinischen Versorgungszentrum tätig sein. Auch ein Krankenhausträger kann zugleich Träger eines Medizinischen Versorgungszentrums sein.[14]

Entwicklung der Medizinischen Versorgungszentren

Ungebrochen ist die Gründungswelle bei MVZs. In allen Bundesländern sind inzwischen Medizinische Versorgungszentren eingerichtet worden. In großen Städten entwickeln MVZs spezielle Leistungsangebote, während sie in Gebieten mit geringer Einwohnerzahl ein breit gefächertes Leistungsangebot bieten. In beiden Fällen sorgen sie mit dafür, die Ziele einer koordinierten und die kleinteilige spezialisierte Medizin überwindende Versorgung leichter zu erreichen.

Zum Ende des 3. Quartals 2007 waren 880 MVZs mit 3.613 freiberuflichen oder angestellten Ärzten gegründet. Die Tendenz ist steigend.[15]

Die Zwischenbilanz lautet hier: Medizinische Versorgungszentren sind, seitdem sie mit dem GKV-Modernisierungsgesetz regelhaft etabliert worden sind, eine sinnvolle und erfolgreiche Erweiterung des Versorgungsangebots. Diese Einschätzung gilt für die Patientinnen und Patienten ebenso wie für die Leistungserbringer.

3.5 Hausarztzentrierte Versorgung

Die in dem GKV-Wettbewerbsstärkungsgesetz 2007 eingeführte hausarztzentrierte Versorgung weist dem Hausarzt eine herausgehobene steuernde Funktion in dem Versorgungssystem zu.[16] Die einzelnen Krankenkassen haben ihren Versicherten eine besondere hausärztliche Versorgung (hausarztzentrierte Versorgung) anzubieten - § 73 b SGB V. Die Versorgungsanforderungen liegen höher als in der Regelversorgung - § 73 b Abs. 2 SGB V, die Leistungen können über die Regelversorgung hinausgehen,

---

[14] Näheres zu den Medizinischen Versorgungszentren Orlowski/Halbe/Karch, S. 57 ff, S. 137 ff, S. 161 f.
[15] www.kbv.de
[16] zum Folgenden ausführlicher Orlowski/Wasem 2007 S. 101 ff.

die Grenze ist auch hier eine ablehnende Entscheidung des gemeinsamen Bundesausschusses - § 73 b Abs. 5 S. 3 SGB V.

Die Teilnahme der Versicherten ist freiwillig, sie verpflichten sich zur Einschreibung für mindestens ein Jahr und zur Inanspruchnahme von fachärztlicher Behandlung nur auf Überweisung des Hausarztes – mit Ausnahme der Behandlung durch Augenärzte oder Gynäkologen - § 73 b Abs. 3 SGB V. Die Krankenkassen haben auch für die hausarztzentrierte Versorgung besondere Tarife anzubieten - § 53 Abs. 3 SGB V.

Die Krankenkassen haben Durchführung der hausarztzentrierten Versorgung mit hausärztlichen tätigen Vertragsärzten, Management-Gesellschaften oder hierzu ermächtigten Kassenärztlichen Vereinigung Verträge abzuschließen - § 73 b Abs. 4 SGB V. Die Verträge regeln auch die Vergütung - § 73 b Abs. 5 SGB V. Besondere Vorgaben sollen die Bereinigung der Gesamtvergütung erleichtern (ab dem Jahr 2009 entsprechend Zahl und Morbiditätsstruktur der teilnehmenden Versicherten - § 73 b Abs. 7 SGB V).

Der Sicherstellungsauftrag der Kassenärztlichen Vereinigungen ist einge-schränkt, soweit die hausarztzentrierte Versorgung durchgeführt wird - § 73 b Abs. 4 S. 5 SGB V.

Eine Vorreiterrolle auch für die Umsetzung der hausarztzentrierten Versorgung hat die AOK Baden-Württemberg übernommen. Sie hat für den gesamten Raum Baden-Württemberg Angebote zur Durchführung der hausarzt-zentrierten Versorgung ausgeschrieben. Inzwischen laufen Vertragsverhand-lungen mit dem Hausärzteverband und der Vereinigung Medi-Deutschland. Dieses Projekt ist das erste, das in einer besonderen Versorgungsform eine flächendeckende Versorgung in einem breit angelegten Versorgungsbereich anstrebt. Schon die Bewerber und deren Auswahl zeigen: Hier geht es auch um Erhaltung und Verschiebung von Einfluss in der vertragsärztlichen Versorgung.

3.6 Besondere ambulante ärztliche Versorgung

Die über die hausarztzentrierte Versorgung hinausgehende besondere ambulante ärztliche Versorgung wurde ebenfalls im GKV-Wettbewerbsstärkungsgesetz 2007 gesetzlich eingeführt. Sie ist im Gegensatz zur hausarztzentrierten Versorgung nicht als Verpflichtung, sondern als Option der einzelnen Kranken-kassen angelegt, die Versorgung ihrer Versicherten außerhalb des kollektiven vertragsärztlichen Systems zu gestalten - § 73 c SGB V. Einzelvertraglich regelbar sind die gesamte ambulante ärztliche Versorgung oder einzelnen Bereiche, seien sie indikations- oder facharztbezogen - § 73 c Abs. 1 SGB V.

Im Übrigen werden gesetzliche ähnliche Vertragsbedingungen vorgegeben wie bei der hausarztzentrierten Versorgung, wobei die Qualitätsanforderungen den Anforderungen in der vertragsärztlichen Versorgung zumindest zu entsprechen haben, aber nicht darüber hinausgehen müssen - § 73 c Abs. 1 S. 3 SGB V.

Die gesetzliche Öffnung für die ambulante einzelvertragliche ärztliche Versorgung ist somit sehr weit. Theoretisch könnte die gesamte vertragsärztliche Versorgung in dieser Vertragsform geregelt und durchgeführt werden.

Allerdings sind bisher zwar Initiativen, jedoch noch keine Abschlüsse von Verträgen der besonderen ambulanten ärztlichen Versorgung bekannt.

3.7 Palliativmedizinische Versorgung

Gezielt wurde im GKV-Wettbewerbsstärkungsgesetz 2007 auch die spezialisierte ambulante Palliativversorgung als neue Versorgungsform geregelt: ein eigenständiger Leistungsanspruch für Palliativ-Patienten zum Verbleib in ihrem häuslichen Bereich (§ 37 b SGB V) auf der Grundlage von Verträgen, die Krankenkassen - außerhalb der vertragsärztlichen Versorgung – mit spezifischen Leistungserbringern (örtlichen Palliativ-Care-Teams) abzuschließen haben (§ 132 d SGB V). Einen entsprechenden Leistungsanspruch haben auch Versicherte in stationären Pflegeeinrichtungen - § 37 b Abs. 2 SGB V.

3.8 Ambulante Behandlung im Krankenhaus

Kurz hingewiesen sei auch auf die besondere Versorgungsform der ambulanten Behandlung im Krankenhaus. Auch die Einführung derartiger Leistungsmöglichkeiten zielt auf mehr Entscheidungsfreiheit vor Ort, höhere Qualität, höhere medizinische Zielgenauigkeit und mehr Wirtschaftlichkeit.

Nicht nur Vertragsärzte, sondern auch Krankenhäuser können durch gesetzliche Zulassung in einem Katalog festgelegte ambulant durchführbare Operationen erbringen und mit den Krankenkassen nach für sie und für Vertragsärzte einheitlichen Vergütungssätzen abrechnen - § 115 b SGB V. Diese Versorgungsform hat nach längeren Anlaufschwierigkeiten einen versorgungsrelevanten Entwicklungsgrad erreicht.[17]

Die zuvor wirkungslose Vertragsregelung zur ambulanten Behandlung hochspezialisierter Leistungen, seltener Erkrankungen und Erkrankungen mit besonderen Krankheitsverläufen im Krankenhaus wurde im GKV-Wettbewerbsstärkungsgesetz 2007 weitgehend an die Regelungsform für ambulante Operationen angepasst: Krankenhäuser werden von den Landesplanungs-

---

[17] www.bmg.bund.de ("Abrechungs- und Leistungsfälle ambulanter Behandlung 2004")

behörden bestimmt[18], diese Behandlungen zu erbringen, die gesetzlich und ergänzend durch den Gemeinsamen Bundesausschuss festgelegt sind. Die Vergütung erfolgt nach den für Vertragsärzte geltenden Vergütungsregelungen. Zu den gesetzlich vorgegebenen Erkrankungen zählen auch onkologische Erkrankungen, HIV/Aids und schwere Verlaufsformen rheumatologischer Erkrankungen - § 116 b SGB V. Die ambulante Erbringung dieser Leistungen im Krankenhaus steckt trotz Neuregelung im GKV-Wettbewerbsstärkungsgesetz weiterhin im Anfangsstadium, nicht zuletzt wegen weitreichender Auswirkungen auf die übrigen Leistungssektoren. Es sind bisher in allen Ländern zahlreiche Anträge gestellt, die Bestimmungsverfahren sind zumeist jedoch noch nicht abgeschlossen. Die Regelung ist ein markanter Ansatz zur Flexibilisierung der stationären und ambulanten Versorgung.

Beide Leistungen der ambulanten Behandlung im Krankenhaus sind Mischformen zwischen kollektiver und wettbewerblicher Versorgung, hier ausgerichtet auf den Wettbewerb auf Seiten der Leistungserbringer: der Krankenhäuser untereinander und der Krankenhäuser mit Vertragsärzten.

Abschließend sei auch hingewiesen auf anstehende Regelungen zum Ordnungsrahmen der Krankenhausfinanzierung im Jahr 2008. Da muss es sich zeigen, ob es gelingt, mit Augenmaß die Möglichkeit zum Abschluss von Einzelverträgen zwischen Krankenkassen und Krankenhäusern für bestimmte Leistungen gesetzlich einzuführen – auch eine neue Versorgungsform im weiteren Sinne. Sie ist für die stärker wettbewerbliche Ausrichtung des Versorgungssystems unverzichtbar.

4. Neue Versorgungsformen und GKV-Wettbewerb

Wie dargelegt können sich neue Versorgungsformen sowohl in der bisherigen Regelversorgung als auch in wettbewerblich ausgerichteten Strukturen entwickeln. Die strukturierten Behandlungsprogramme werden weitgehend in kollektiven Verträgen entwickelt und umgesetzt. Medizinische Versorgungszentren können innerhalb der kollektiven vertragsärztlichen Versorgungsstrukturen gebildet werden. Die Integrationsversorgung ist hingegen ausschließlich in Einzelverträge mit wettbewerblicher Ausrichtung geregelt. Bei der hausarztzentrierten Versorgung sind beide Versorgungsformen möglich. Dabei ist deutlich eine stärkere wettbewerbliche Ausrichtung des Gesundheitssystems durch das GKV-WSG zu konstatieren: Die neue Finanzierungsform des Gesundheitsfonds wird den Wettbewerb der Krankenkassen untereinander durch den Zusatzbeitrag verschärfen und zugleich einen starken Anreiz, wenn nicht

---

18   Eine einvernehmliche Bestimmung mit den nach Landesrecht an der Krankenhausplanung unmittelbar Beteiligten ist anzustreben, eine Bedarfsprüfung erfolgt jedoch nicht.

einen Zwang für die einzelnen Krankenkassen schaffen, mit Leistungsanbietern besondere Vereinbarungen zu treffen, die von der kollektivvertraglichen Versorgung abweichen oder darüber hinausgehen. Wie dargestellt betrifft dies schon derzeit die gesamte hausärztliche Versorgung, die gesamte fachärztliche ambulante Versorgung sowie einzelne Bereiche der ambulanten Versorgung in Form besonderer Versorgungsverträge. Die Umsetzung wird nicht nur über bilaterale Einzelverträge, sondern verstärkt auch über Netzwerke mit professionellem Management erfolgen. Die neuen Versorgungsformen sind insoweit wesentliche Ausgestaltungen der Wettbewerbsausrichtung der GKV-Versorgung. Allerdings müssen die Rahmenbedingungen für diesen Wettbewerb gesetzlich noch weiter entwickelt werden, wobei die Grundsätze des Wettbewerbs- und Kartellrechts zu beachten, jedoch auch mit den gesetzlich intendierten Versorgungszielen in Einklang zu bringen sind. Auch die Rahmenbedingungen für das Verhältnis Regelversorgung – neue Versorgungs-formen insbesondere im Bereich der Vergütung und der Kooperation sind zu konkretisieren.

5.   Erwartungen bisher erfüllt?

Die Erwartungen der Gesetzgebung sind, wie eingangs dargelegt, hoch. Der Entwicklungsprozess hin zu neuen Versorgungsformen ist, wie dargelegt, eher erst am Anfang. Es gibt umfassende gesetzliche Öffnungsklauseln, zahlreiche positive Ansätze, aber bisher gibt es noch keine neue Versorgungsform mit einem quantitativ erheblichen Versorgungsanteil.[19] Wir befinden uns derzeit nicht in einer Phase zur Entwicklung weiterer gesetzlicher Regelungen, sondern in einer Phase der Umsetzung des gesetzlich vorgegebenen variantenreichen Handlungsinstrumentariums. Die Akteure und Beteiligten auf allen Ebenen sind am Zug. Soweit es gelingt, dass die inzwischen in die Wege geleiteten neuen Versorgungsformen zu weiteren Versorgungsoptimierungen führen, also zu einer differenzierten und zielgenauen medizinischen Versorgung, zu mehr Qualität, zur besseren Abstimmung und Zusammenarbeit der Beteiligten, zu mehr Entscheidungsmöglichkeiten der Patienten und schließlich – hier aus-nahmsweise an letzter Stelle genannt – zu mehr Wirtschaftlichkeit, - wer oder welche Umstände sollen die neuen Versorgungsformen dann aufhalten?

Die Kernerwartung der Gesetzgebung ist, dass die neuen Versorgungsformen diese Optimierung in einem relevanten Umfang schaffen und mit den dort gewonnenen Erfahrungen weitere neue Versorgungsformen implementiert werden. Diese Erwartung ist noch nicht erfüllt. Es gilt, die entsprechenden

---

[19]   Auf die Vorreiterrolle der Verhandlungen eines Hausärztevertrages der AOK Baden-Württemberg sei allerdings nochmals hingewiesen.

Chancen zu nutzen, und wenn nicht alles täuscht, sind die bisherigen Ansätze sowohl erfolgversprechend als auch ausbaufähig.

Literatur:

Amelung, Managed Care – Neue Wege im Gesundheitsmanagement, 4. Aufl. Wiesbaden 2007

Knieps in Schnapp/Wigge, Handbuch des Vertragsarztrechts § 12 Neue Versorgungsformen, München, 2006

Knieps, Integrierte Versorgung auf dem Weg zur Regelversorgung, Gesundheits- und Sozialpolitik 11 – 12/2007 S. 11 ff

Orlowski/Halbe/Karch, Vertragsarztrechtsänderungsgesetz (VÄndG) 2. Aufl., Heidelberg, 2008

Orlowski/Wasem, Gesundheitsreform 2007 (GKV-WSG), Heidelberg 2007

Schwartz u.a. (Hrsg.): Public Health, Gesundheit und Gesundheitswesen 2. Aufl., München, Jena 2003

Managed Care-Modelle der Zukunft?*

Volker E. Amelung

1. Das deutsche Gesundheitswesen im Spannungsfeld der Interessen

Es ist relativ müßig darüber zu diskutieren, ob Entwicklungen primär durch politischen Willen oder durch Marktkräfte entstehen. Viel entscheidender ist, dass es beides braucht, politischen Willen oder zumindest Akzeptanz und gleichzeitig die Bereitschaft der Akteure, auf die Möglichkeiten zu reagieren und unternehmerisch aktiv zu werden. Es ist allerdings bedeutend, zwischen den unterschiedlichen Perspektiven sauber zu trennen und die unterschiedlichen Zielsysteme deutlich hervorzuheben.

Aus Sicht der Gesundheitspolitik stellt sich folgende Problemstellung dar, die durch ausgeprägte Zielkonflikte gekennzeichnet ist:

1. Es besteht der Druck, Lohnnebenkosten zu senken, bei gleichzeitiger Förderung der Gesundheitswirtschaft als einem der wesentlichen Wachstumsmotoren moderner Dienstleistungsgesellschaften. Es gibt einen eindeutigen Konflikt zwischen Gesundheits- und Wirtschaftspolitik, der allerdings in den seltensten Fällen explizit ausgetragen wird.

2. Steht auf der einen Seite die Begrenzung, wird auf der anderen die Forderung nach Wachstumspotenzialen und Liberalisierung gefordert. So ist es symptomatisch, dass im Koalitionsvertrag zwischen der CDU/CSU und der SPD im November 2005 unter der Überschrift Gesundheitswesen zuerst ein Vermerk auf die Bedeutung des Gesundheitswesens für die Volkswirtschaft zu finden ist. Die Kondratieff-Zyklen stellen anschaulich die möglichen -Entwicklungsperspektiven dar. Der Grundgedanke ist dabei, dass die gesamtwirtschaftliche Entwicklung entlang von sehr langfristigen Entwicklungstrends verläuft und dass erhebliche Gründe dafür sprechen, dass der nächste Zyklus das Gesundheitswesen in seiner weitesten Definition[1] umfassen wird (s. Abb. 1).

3. Wenn man von dieser Betrachtung ausgeht, muss das Gesundheitswesen immer in zwei Dimensionen betrachtet werden: als Wachstumsmotor mit dem Ziel der Ausweitung und gleichzeitig als ein Gebiet, in dem sichergestellt werden muss, dass, zumindest für politisch vorab definierte Bereiche, der Zugang zur Versorgung für die gesamte Bevölkerung

---

* erscheint demnächst als Kapitel 1 in: V. E. Amelung / K. Meyer-Lutterloh / E. Schmid / R. Seiler / R. Lägel / J. N. Weatherly, Integrierte Versorgung und Medizinische Versorgungszentren. Von der Idee zur Umsetzung, 2. Auflage 2008.

[1] Zur Bedeutung des zweiten Gesundheitsmarktes; Kartte, J./Neumann, K: Der zweite Gesundheitsmarkt, 2007.

gewährleistet ist. Der Spagat ist systemimmanent und es kann nur zu politischen Lösungen kommen, d. h. es gibt kein richtig oder falsch, sondern Zustimmung oder Ablehnung.

4. Die geringe Bereitschaft, für zukünftige Leistungen einen Kapitalstock aufzubauen bei gleichzeitiger offensichtlicher Problemverschärfung durch demografische Entwicklungen. Es ist jedem einigermaßen verantwortungsvollen Gesundheitspolitiker bewusst, dass die klassische Konzeption des sogenannten Generationenvertrages langfristig nicht zu halten ist. Entweder wird das Konstrukt der Solidargemeinschaft neu definiert oder aufgelöst. An dieser Stelle muss deutlich hervorgehoben werden, dass die langfristigen demografischen Prognosen auf einer erheblichen Sicherheit basieren. Es zeigt sich, dass zwei Phänomene von besonderer Bedeutung sind: erstens eine abnehmende Bevölkerungszahl und zweitens erhebliche Verschiebungen zwischen den Altersgruppen (dies ist primär durch die Babyboom-Generation begründet, die sich zunehmend dem Rentenalter nähert). Auch wenn es sicherlich nicht von der Hand zu weisen ist, dass Ältere heutzutage sehr viel gesünder altern, entsteht hier ein massiver Anstieg im Bedarf an Gesundheitsleistungen im weitesten Sinne. Neben der rein qualitativen Mengenausweitung ist zu berücksichtigen, dass auch andere Leistungen nachgefragt werden. Eine ältere Bevölkerung bedeutet automatisch eine größere Anzahl chronisch kranker und mulitmorbider Patienten (s. Abb. 2).

5. Somit geht es um zwei Aufgaben: Sicherstellung der langfristigen Finanzierbarkeit und gleichermaßen Überprüfung, ob die demografischen Veränderungen dazu führen, dass Leistungen anders erbracht werden müssen (Frage der richtigen Leistungserstellung und des Schnittstellen-Managements).

6. Der geringen Wertschätzung von Gesundheitsausgaben im Vergleich zu anderen Wirtschaftsbereichen steht ein enormer Innovationsdruck durch die Industrie gegenüber. Dies erfordert massive Veränderungen im Bewusstsein der Bevölkerung. Die klassische „Voll-Kasko-Mentalität" entspricht nicht den Anforderungen an ein zukunftsfähiges Gesundheitssystem. Entsprechend wird die Diskussion über ein „basic benefit package" (Grundversorgungspaket) eine wesentliche Rolle einnehmen und zu erheblichen Konflikten führen, da die Interessen per se gegenläufig sind und die Kerndimensionen der Solidarkonzepte in Deutschland (Gesunde für Kranke, Junge für Alte, Wohlhabendere für Bedürftige, Singles für Familien) grundsätzlich zur Disposition gestellt werden müssen.

7. Das Tabu der Mehrklassenmedizin, bei gleichzeitiger zunehmender Ausdifferenzierung von individuellen Bedürfnisstrukturen (shared decision making, patient em-powerment etc.) und Zahlungsbereitschaften stellt einen weiteren Zielkonflikt dar. Auch wenn es derzeit politisch noch nicht

opportun ist, wird es zu einer weitgehenden Ausdifferenzierung bei gleichzeitiger Definition des sogenannten basic benefit package kommen müssen. Diese Diskussion ist ausgesprochen schwierig[2] und politisch unattraktiv, muss aber geführt werden.

8. Das Bedürfnis national, regional und sogar lokal Versorgungsstrukturen zu planen, bei gleichzeitiger Internationalisierung des Angebotes und der Nachfrage sowie zunehmender liberalisierter Gesundheitspolitik in Europa stellt eine weitere Herausforderung dar. Das Gesundheitssystem, das in weiten Teilen eine sehr kommunale Struktur aufweist (insbesondere über die Trägerstrukturen der Krankenhäuser), wird nicht nur nationaler, sondern in weiten Teilen auch internationaler. Dies betrifft sowohl die Eigentums-strukturen (z. B. internationale Krankenhauskette), die Rechtsprechung (Bedeutung europäischer Rechtsprechung, wie beispielsweise bei den Arbeitszeiten der Krankenhausärzte) wie auch die generellen Kompetenzen regionaler und nationaler Kompetenzen der Leistungsplanung.

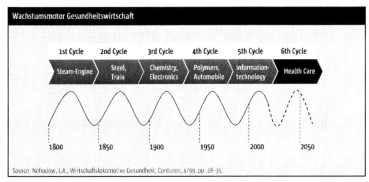

Abb. 1: Die Kondratieff-Zyklen

Aus dieser bei Weitem nicht abschließenden Auflistung an inhärenten Gegensätzen wird bereits deutlich, unter welcher schwierigen Konstellation Gesundheitspolitik stattfindet und dass es nur um ein Aushandeln von unterschiedlichen Interessen gehen kann. Es müssen politische Entscheidungen getroffen werden, da ein gleichzeitiges Maximieren nicht möglich ist. Es ist unrealistisch von der Gesundheitspolitik zu fordern, dass sie gleichzeitig sämtliche Dimensionen erfüllt, da die Interessen der Akteure im Gesundheitswesen oft diametral zueinander stehen. Einerseits wird versucht, den

---

[2] Auch die internationalen Erfahrungen sprechen hier eine deutliche Sprache und zeigen, dass es sich um ein Minenfeld handelt. Als Beispiele können hier insbesondere die Erfahrungen in Oregon, aber auch in abgeschwächter Form in der Schweiz herangezogen werden.

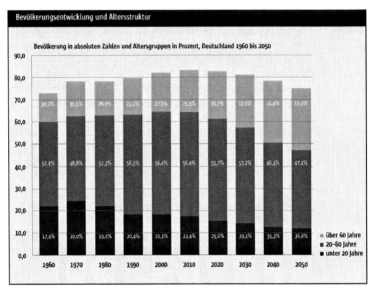

Abb. 2: Bevölkerungsentwicklung und Altersstruktur: Bevölkerung in absoluten Zahlen und Altersgruppen in Prozent; Deutschland 1960 bis 2050
Quelle: Statistisches Bundesamt, Stand 2004

Status quo zu erhalten oder besser noch, bei gleichbleibenden Spielregeln zu optimieren (sprich: mehr Geld in das System); andererseits wird das Gesundheitswesen als Wachstumsmarkt angesehen und bestehende und neue Akteure fordern Entwicklungsmöglichkeiten ein. Es ist eine wesentliche, aber unangenehme Erkenntnis, die -Gesundheitspolitik müsse damit leben, dass sie nie sämtliche Interessen bedienen kann, immer eine Kompromisslösung und lediglich ein Fließgleichgewicht sein wird. Insbesondere der letzte Punkt ist wichtig, da die Konsequenz ist, dass laufend gegengesteuert und korrigiert werden muss und somit ein kontinuierlicher Bedarf an Gesundheitsreformen besteht.

Die aktuelle Gesundheitspolitik verfolgt einen kontinuierlichen Entwikklungspfad, der durch die folgenden Stichwörter gekennzeichnet ist:

- mehr Wettbewerb zwischen den Krankenkassen und zwar nicht über den Beitragssatz, sondern über Versorgungskonzepte,
- mehr Wahlmöglichkeiten für die Versicherten und Patienten und
- mehr unternehmerischen Spielraum für die Akteure in den unterschiedlichen Sektoren des Gesundheitswesens.

Hierzu sind insbesondere Einzelvertragslösungen notwendig, da dies nicht in die Konzeption von Kollektivverträgen passt. Am Beispiel der integrierten

Versorgung kann sehr präzise aufgezeigt werden, wie Schritt für Schritt die Umsetzung einer Idee über viele Jahre hinweg weiterverfolgt wurde (s. Abb. 3).

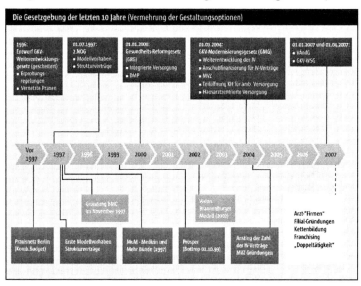

Abb. 3: Die Gesetzgebung der letzten 10 Jahre hat schrittweise die Gestaltungsoptionen für neue Versorgungsformen vermehrt

Die Darstellung verdeutlicht, dass die neuen Versorgungsformen keine Modeerscheinung sind, sondern bereits seit einigen Jahren auf der gesundheitspolitischen Reformagenda stehen. Aus den unterschiedlichen Phasen lassen sich wichtige Schlüsse über Erfolgs- und Misserfolgsfaktoren ableiten. In der ersten Phase – die als ein absoluter Flop bezeichnet werden kann, da keines der damals entwickelten Modelle überlebt hat –, gibt es zwei bedeutende Erfahrungen. Erstens müssen Investitionen in neue Versorgungsformen durch erhebliche finanzielle Anreize unterstützt werden. Die 1 %-Regel, die ohne Frage ordnungspolitische Fehlsteuerungen induziert, war somit notwendig. Ohne diese wäre es nie zu einem derartigen Innovationsschub in dem ansonsten in seinen Strukturen verharrenden Gesundheitssystem gekommen. Es muss allerdings angemerkt werden dürfen, dass ein wirklicher Innovationsfonds, der gezielt neue Versorgungsformen unterstützt, wahrscheinlich zielführender gewesen wäre. Dies ist vor allem darin begründet, dass die Anschubfinanzierung überwiegend Projekte unterstützt hat, die als nur marginal innovativ eingestuft werden können. Zweitens müssen Innovationen und Investitionen in Innovationen geschützt werden. Gesundheitspolitisch ist dies ein schwieriger Punkt, da das Vorenthalten von Prozessinnovationen automatisch eine

Mehrklassenmedizin bedeutet. Es ist, insbesondere in ethisch heiklen Bereichen wie der Palliativversorgung, nicht kommunizier- und vertretbar, dass Fortschritt nicht allen gleichermaßen zur Verfügung gestellt wird. Der Zugang zu Innovationen – Prozessinnovation ist gleichermaßen bedeutsam mit Produktinnovation – und muss durch politische Willensentscheidung bestimmt werden.

2. Das Konzept Managed Care

Es gibt wenige Begriffe in der Gesundheitspolitik und im Gesundheitsmanagement, die derart unterschiedlich verwendet und beurteilt werden, wie Managed Care. Dabei handelt es sich nicht um ein geschlossenes Konzept, sondern um eine Vielzahl unterschiedlicher institutioneller Arrangements und Managementmodelle. Charakteristisch für Managed Care sind drei Elemente:
• die Anwendung von Management-Instrumenten in der Gesundheitsversorgung,
• die zumindest partielle Integration von Leistungsfinanzierung und -erstellung
  sowie
• selektives Kontrahieren.
Abbildung 4 (Amelung 2007) gibt einen Überblick der vielfältigen Ansätze im Rahmen von Managed Care.
Somit muss zwischen klassischen Managed Care-Institutionen und Managed Care-Instrumenten unterschieden werden.
Betrachten wir zuerst die Institutionen. Hier handelt es sich einerseits um Weiterentwicklungen bestehender Leistungserbringer oder -finanzierer, die ihre Wertschöpfungskette zumindest partiell erweitern. Paradebeispiele sind die sogenannten Health Maintenance Organisationen (HMOs), in denen die Versicherungsfunktion und die Leistungserstellung komplett aus einem System angeboten werden. Idealtypisch sind die Leistungsersteller Angestellte des Systems und erbringen sämtliche benötigten Gesundheitsleistungen für die Mitglieder. Somit besteht kein Interessenkonflikt zwischen Leistungsfinanzierer und -erbringer mehr und beide profitieren an niedrigen Gesundheitsausgaben. Das Moral Hazard-Problem (Ausnutzung der Versicherungssituation nach Vertragsschluss) wird damit minimiert und die Interessen in Einklang gebracht. In der Praxis hat sich allerdings herausgestellt, dass die reine Form der HMO kaum marktfähig ist und sich nur dort etablieren konnte, wo sie die Möglichkeit hatte, auf eine lange Tradition zurückzugreifen (dies gilt insbesondere für Kaiser Permanente in Kalifornien). Die ist zum einen darin begründet, dass die Versicherten erheblichen Wert darauf legen, Wahlmöglichkeiten zu haben und

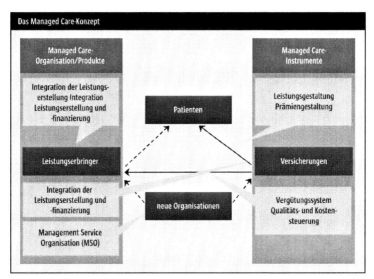

Abb. 4: Das Managed Care-Konzept

nicht auf die angestellten Anbieter eines Systems angewiesen zu sein. Hierbei handelt es sich um „gefühlte Wahlfreiheit", da in der Praxis sehr viel weniger gewechselt wird als angenommen. Auch gilt es zu berücksichtigen, dass die Versicherten nicht unbedingt volles Vertrauen in ein System haben können, in dem die Interessen der Leistungserbringer und -finanzierer identisch sind. Entsprechend ist es den HMOs nie vollumfänglich gelungen, das Misstrauen in die Versorgungsqualität abzubauen. Außerdem sind solche Systeme schwerfällig und kapitalintensiv. Den Marktkräften folgend haben sich lockere Organisationsformen entwickelt, die stärker auf vertragliche Lösungen bei der Einbindung von Leistungserbringern setzen und die die Steuerung der Versicherten über Anreize favorisieren. Ein erster Schritt in Richtung integrierter Versorgungssysteme (integrated oder organized delivery systems, wie diese Organisationsform im amerikanischen Kontext genannt wird, wenn sie ihren Ursprung bei den Leistungserbringern hat) ist die Integration vor- und nachgelagerter Versorgungsstufen. Insofern sind die im Folgenden beschriebenen neuen Versorgungsformen klassische Managed Care-Institutionen.

Gleichermaßen handelt es sich bei den Managed Care-Instrumenten um eine Vielzahl unterschiedlicher, zum Teil gegensätzlicher Ansätze. Abbildung 5 (Amelung 2007) stellt die wesentlichen Instrumente dar.

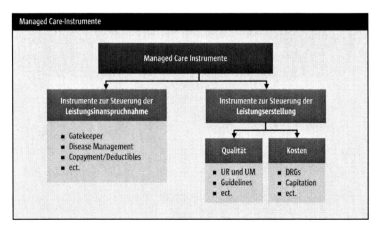

Abb. 5: Managed Care-Instrumente

Bei den Managed Care-Instrumenten wird zwischen jenen, die auf die Steuerung der Inanspruchnahme zielen und jenen, die die Leistungserstellung beeinflussen sollen, unterschieden. Diese sollen hier kurz erläutert werden, da die neuen Versorgungsformen in unterschiedlicher Weise diese Instrumente einsetzen. Es gibt aber keine sinnvollen Modelle, die nicht zumindest ausgewählte Managed Care-Instrumente einsetzen. Bei der Beurteilung der Wirksamkeit ist eines der Kernprobleme, dass die Instrumente nicht isoliert eingesetzt werden und somit keine eindeutige Zuordnung der Wirksamkeit möglich ist.

Eines der Kernanliegen von Managed Care ist eine deutlich stärkere Einbindung und Steuerung des Patienten in seine Versorgung und Vorsorge. Dabei werden die drei wesentlichen Steuerungsinstrumente Anreize, Sanktionen und Bereitstellung von Strukturen eingesetzt. Obwohl in den USA mittlerweile weitgehend eingestellt, sind sogenannte Gatekeeper-Modelle die bekanntesten Managed Care-Instrumente. Der Gedanke ist ausgesprochen einfach und einleuchtend, allerdings alles andere als neu. Der Versicherte muss sich, wie beispielsweise in den Niederlanden auch, bei einem Hausarzt einschreiben und dieser fungiert als „Schleusenwärter". Das Gesundheitswesen wird mit einer „Eingangstür" versehen. In einem ersten Schritt wird die Notwendigkeit einer Behandlung geprüft, unterschiedliche Behandlungen kombiniert und Informationen koordiniert. Dabei soll der Hausarzt soviel Leistungen wie möglich selbst erbringen, da von der Prämisse ausgegangen wird, dass niedrigere Versorgungsstufen kostengünstiger sind. Untersuchungen aus der Schweiz schätzen den Einspareffekt von Hausarztmodellen auf 7–20 %, bereinigt um Selektionsverzerrungen (Amelung 2007).

Ein weiteres Steuerungselement stellt das Disease-Management dar. Ebenfalls keine grundlegend neuen Gedanken sind Co-payments und Deductables, die in der deutschen Diskussion unter Selbstbeteiligung und Selbstbehalte firmieren. Einerseits geht es um eine prozentuale Beteiligung an den Behandlungskosten, in der Regel mit einer Deckelung, andererseits um einen Sockelbetrag, ab dem erst der Versicherungsschutz einsetzt. Beide Instrumente verfolgen drei Ziele:

• Erstens soll der Patient beeinflusst werden, keine unnötigen Leistungen in Anspruch zu nehmen.
• Zweitens soll durch die finanzielle Beteiligung der Patient als Kontrolleur des Leistungserbringers fungieren.
• Drittens wird somit das Gesundheitssystem günstiger, bzw. können niedrigere Tarife angeboten werden, wenn auch die Gesamtausgaben unverändert bleiben. So werden in der Schweiz bereits heute 29 % der gesamten Gesundheitsausgaben direkt vom Versicherten bezahlt (OECD 2006), was zwangsläufig zu niedrigeren Prämien führt, nicht aber zu niedrigeren Belastungen für den Patienten.

Dies sind nur drei exemplarische Managed Care-Instrumente aus einem bunten Strauß weiterer (ausführlich in Amelung 2007).

Bei den Instrumenten zur Steuerung der Leistungserbringer kann danach unterschieden werden, ob der Fokus auf Qualitätsaspekten oder der Kostensteuerung liegt. Klassische Instrumente zur Qualitätssteuerung sind Utilization Review (UR) und Utilization Management (UM). Der Leistungs-finanzierer versteht sich hier nicht mehr nur als Finanzierer, sondern „mischt" sich unmittelbar in die Entscheidungen ein. Bei Utilization Review kann es darum gehen, dass er sich das Recht der Entscheidung, ob eine Krankenhaus-einweisung oder eine teurere Behandlung notwendig ist, vorbehält. In abge-schwächten Formen, kann er die Einholung einer Zweitmeinung einfordern. Utilization Management setzt mehr bei der Kontrolle durch Peer-Gruppen an. Die Leistungen und Entscheidungen werden Vergleichsgruppen gegenüber-gestellt und Begründungen werden eingefordert. Beispielsweise kann das die Verschreibungspraxis betreffen.

Auch wenn sie kaum mit Managed Care in Verbindung gebracht werden, sind Guidelines (oder Leitlinien, Richtlinien etc.) ein Instrument in diesem Konzept. Fallweise Entscheidungen werden durch generelle, möglichst evidenzbasierte ersetzt. Dabei ist es aber nicht notwendig, dass diese evidenzbasiert sein müssen; auch interne Guidelines, die völlig unterschiedliche Ziele verfolgen können, sind in der Praxis anzutreffen und sinnvoll. Gerade in integrierten Versorgungssystemen wird man sich auf interne Standards der Leistungs-erstellung einigen, respektive diese vorgeben müssen.

Einen großen Raum nehmen in der Managed Care-Diskussion Instrumente zur Kostensteuerung im weiteren Sinne ein. Im Wesentlichen handelt es sich um die Frage, wie die Leistungserbringer sinnvoll zu honorieren und zu motivieren sind. Dabei sind zwei Anliegen von besonderer Bedeutung. Erstens soll möglichst viel Verantwortung an die Leistungsersteller delegiert werden. Neben

Interessen des Finanzmanagements ist hier entscheidend, davon auszugehen, dass auf dieser Ebene am besten Einfluss genommen werden kann und Effizienz primär durch Verantwortungsdelegation zu erreichen ist. Zweitens soll Abstand genommen werden von der Vergütung von Leistungen (Inputs) anstelle von der Honorierung von Ergebnissen (Outcome).

Zu den ersten Ansätzen gehören DRGs (Diagnosis Related Groups) und Capitation-Modelle. Bei DRGs werden Leistungen pauschal honoriert, unabhängig vom konkreten Leistungsanfall. Das Morbiditätsrisiko verbleibt aber beim Versicherer. Dies ist auch der zentrale Unterschied zu Capitation-Modellen. Hier werden die Leistungserbringer, z. B. ein populationsorientiertes integriertes Versorgungssystem, pauschal für eine Zeitperiode honoriert. Das Morbiditätsrisiko liegt entsprechend vollständig beim Leistungserbringer und kann eigentlich nur dann übernommen werden, wenn das System groß genug ist (Schätzungen gehen von 100.000 Versicherten als Mindestgröße aus, da ansonsten das Risiko der Abweichung von einer Normal- bzw. prognostizierten Verteilung zu groß ist), oder eine Rückversicherung existiert. Eine derartige Vergütung wird beispielsweise bei niederländischen Hausärzten eingesetzt.

In den letzten Jahren hat eine intensive Diskussion über einen grundlegenden Paradigmenwechsel in der Vergütung ärztlicher Leistungen stattgefunden. Unter dem Stichwort perfomance based reimbursement (leistungsorientierte Vergütung) wird gefordert, dass die Vergütung sich nicht an Input-Faktoren, sondern an konkreten Ergebnissen orientieren sollte. So grundlegend richtig die Forderung ist, so schwierig ist sie in der konkreten Umsetzung. Erstens gibt es erhebliche Messprobleme, zweitens ist die Zuordnung von Erfolg und Misserfolg durch den Patienten als Co-Produzenten nicht trivial. Insofern müssen einfachere Kriterien herangezogen werden, um einen ersten Schritt in Richtung Leistungshonorierung zu erreichen. Dazu bieten sich relativ einfach zu messende Größen wie Impfstatus, Screeningquoten, Patientenzufriedenheit oder Compliance-Raten an. Auch bei den hier dargestellten Instrumenten zur Steuerung der Leistungsersteller handelt es sich nur um eine Auswahl, die ebenfalls deutlich erweitert werden könnte. Managed Care stellt, wie eingangs hervorgehoben, keine geschlossene Theorie, sondern eine Toolbox von Organisationsformen und Managementinstrumenten dar, die auch für die Gestaltung neuer Versorgungsformen in Deutschland die Basis bildet. Entsprechend komplex gestaltet sich die Evaluationsproblematik. Mit klassischen eindimensionalen Instrumenten lassen sich derart vielschichtige und komplexe Fragestellungen nicht beurteilen. Dies führt insbesondere bei Medizinern, die sehr stark auf ihre Evaluationsmethoden (möglichst doppelblinden, randomisierten Studien) fixiert sind, immer wieder zu Unverständnis und Ablehnung. Die Evaluation von Organisationsformen in Kombination mit einer Vielzahl von eingesetzten Managementinstrumenten, wird nie das Maß an Präzision aufweisen, wie eine klinische Studie und wird auch nicht mit diesen Instrumenten zu beurteilen sein. Dies entspricht auch nicht der Herangehensweise an die Beurteilung und Evaluation von Strategien in einem Wettbewerbsumfeld. Gefordert sind hier Ansätze, die nicht der klinischen Forschung entsprechen, sondern vielmehr dem betriebswirtschaftlichen strategischen Controlling.

3. Die Wertschöpfungsperspektive – die BMC-Matrix

Neue Versorgungsformen können sich nur dann durchsetzen, wenn sie Mehrwert schaffen. Dies klingt ausgesprochen banal, ist es aber nicht. Gesundheitsökonomen tendierten in der großen Mehrheit dazu, aus gesellschaftlicher Sicht zu evaluieren. Somit muss auf der Makroebene (für das gesamte System) ein Mehrwert entstehen. In der BMC-Matrix (siehe Weatherly et al. 2007) wird ein konsequent anderer Ansatz verfolgt und explizit die gesellschaftliche Perspektive in den Hintergrund gedrängt. Es wird davon ausgegangen, dass im Wesentlichen vier Perspektiven (Gesundheitssystem, Medizinische Versorgung, Patienten, Management/Betreiber) zu berücksichtigen sind und diese zu vollständig unterschiedlichen Beurteilungen kommen können. Die Abbildung 6 stellt die BMC-Matrix zur Bewertung von neuen Versorgungsformen dar.

3.1 Grundlegende Überlegungen zur Bewertung neuer Versorgungsformen

Bei der Diskussion über neue Versorgungsformen drängt sich automatisch eine Vielzahl von Fragen auf, wie beispielsweise:
Kann man das Konzept auf andere Regionen übertragen?
- Wie nachhaltig ist das Konzept?
- Existieren ausreichende Managementkapazitäten?
- Welcher Nutzen entsteht für die Patienten, die Kassen und die Betreiber?
- Wie vulnerabel ist das Modell?
- Welche gesundheitsökonomische Bedeutung hat das Modell?
- Werden die Patienten aktiv eingebunden?
um nur einige mögliche Fragen aufzuzeigen. Auch wenn die Versuchung groß ist und die Forderung dies zu tun ebenfalls, wollen wir die Modelle primär nicht bewerten, sondern einordnen. Es wäre vermessen, derart komplexe Modelle schlicht wie Hotels mit 1* bis 5* zu beurteilen. Im Folgenden sollen die in der Übersicht dargestellten Bewertungsdimensionen kurz vorgestellt werden (ausführlich in Weatherly et al. 2007).

BMC-Matrix					
A) Gesundheitssystem					
	sehr hoch	hoch	mittel	niedrig	sehr niedrig
gesundheitsökonomisches Potenzial					
Übertragbarkeit auf andere Regionen					
Innovationsgrad					
Nachhaltigkeit und Zukunftsorientierung					
Transparenz					
KURZE BEGRÜNDUNG / ERLÄUTERUNG					
B) Medizinische Versorgung					
	sehr hoch	hoch	mittel	niedrig	sehr niedrig
medizinisches Potenzial					
Komplexität der Versorgung					
Transparenz					
KURZE BEGRÜNDUNG / ERLÄUTERUNG					
C) Patienten					
	sehr hoch	hoch	mittel	niedrig	sehr niedrig
Verbesserung der Versorgung					
Verstehbarkeit und Transparenz					
Einbindung in die Entscheidungen					
Wahlmöglichkeiten und Zugang					
finanzielle Anreize					
KURZE BEGRÜNDUNG / ERLÄUTERUNG					
D) Management/Betreiber					
	sehr hoch	hoch	mittel	niedrig	sehr niedrig
Wertschöpfungspotenzial					
Organisationsgrad					
Komplexität					
Nachhaltigkeit					
Risiko/Vulnerabilität					
kohärente finanzielle Anreize					
nicht-monetäre Anreize					
Bekanntheitsgrad in der Zielgruppe					
KURZE BEGRÜNDUNG / ERLÄUTERUNG					

Abb. 6: BMC-Matrix

3.2 Kriterien der Beurteilung neuer Versorgungsformen aus Sicht des Gesundheitssystems

Die Gesundheitspolitik erhofft sich durch die Öffnung des Marktes für neue Versorgungsformen im Wesentlichen entweder eine verbesserte Versorgung zu gleichen Kosten, eine vergleichbare Versorgung zu niedrigen Kosten oder im Sinne des klassischen Managed Care-Anspruches, eine Versorgungsform, die sowohl verbessert als auch gleichzeitig kostengünstiger ist. Alle drei Ausprägungen bedeuten für das Gesundheitssystem eine Systemverbesserung, sind somit wünschenswert und sollten bestehende Strukturen ablösen. Im ökonomischen Verständnis des Wettbewerbs als ein Suchprozess sollen Wettbewerbskräfte freigesetzt und Systeminnovationen generiert werden. Entscheidend ist dabei, dass die gesundheitspolitische Betrachtung eine makroökonomische ist. Somit ist nicht relevant, welche Auswirkungen neue Versorgungsformen auf einzelne Marktteilnehmer haben, sondern welche auf das gesamte System. Dies setzt allerdings voraus, dass die gesundheitspolitischen Ziele explizit formiert werden.

3.3 Kriterien der Beurteilung neuer Versorgungsformen aus Sicht der medizinischen Versorgung

Neue Versorgungsformen, zu denen die hier betrachtete integrierte Versorgung sowie die Medizinischen Versorgungszentren gehören, sind Organisationsmodelle, in denen medizinische Leistungserstellung erfolgt. Dies bedeutet allerdings auch, dass die Art der medizinischen Leistungserstellung (Schulmedizin, alternative Heilmethoden etc.) an sich nicht zu den neuen Versorgungsformen gehört, sondern lediglich der Rahmen, in denen diese erbracht werden. Somit muss das „Was" (z. B. die Behandlungsinhalte einer Leitlinie) als nicht zu bewerten eingestuft und lediglich das „Wie" (z. B. die Abstimmungsprozesse zwischen ambulantem und stationärem Sektor) in die Beurteilung einbezogen werden. Lediglich wenn konkrete Evaluations-ergebnisse vorliegen, kann auf die Ergebnisqualität eingegangen werden. Dabei ist allerdings größte Vorsicht geboten, da in der Regel nicht eindeutig bestimmt werden kann, ob die Struktur- oder Prozessqualität ausschlaggebend für die erzielte Ergebnisqualität war. Darüber hinaus muss deutlich hervorgehoben werden, dass die Evaluation komplexer sozialer Institutionen und Verträge nicht mit den im Medizinbetrieb üblichen Instrumentarien erfolgen kann. Der Goldstandard der medizinischen Evaluation, die doppelblinde, randomisierte Studie (RCT) kann hier nicht durchgeführt werden, da die Vergleichbarkeit nie gegeben und die Komplexität von Wirkungszusammenhängen nicht abgebildet werden kann.

Trotz der gemachten Einschränkungen muss deutlich hervorgehoben werden, dass die Strukturen, in denen medizinischen Leistungen erbracht werden, erheblichen Einfluss auf die Ergebnisqualität haben. Es besteht wenig Dissens darüber, ob die Strukturen des deutschen Gesundheitswesens (insbesondere die starren Sektorengrenzen mit ihren Kommunikations- und Anreizbrüchen) zu erheb-lichen Ineffizienzen (sowohl hinsichtlich Kosten als auch Qualität) führen und es eine vordringliche Aufgabe sein sollte, diese Effizienzreserven durch neue Versorgungsformen aufzulösen.

3.4 Kriterien der Beurteilung neuer Versorgungsformen aus Sicht der Patienten

In einem zunehmend patientenorientierten Gesundheitssystem ist die Beurteilung aus Sicht der Patienten von entscheidender Bedeutung und wurde in der Vergangenheit häufig sträflich vernachlässigt. Nur wenn neue Versorgungsformen auch von den Patienten angenommen werden, haben sie eine Existenzberechtigung und werden sich durchsetzen können. Der Gesetzgeber hat genau vor diesem Hintergrund für die integrierte Versorgung die Einschreibung des Patienten als zwingend vorgeschrieben. Somit kann nicht einfach „integriert versorgt werden", sondern es müssen klar definierte Angebote gemacht werden und die Patienten müssen sich explizit dafür entscheiden. Obwohl diese Regelung vom Grundsatz her zu begrüßen ist, dürfen einige problematische Aspekte nicht ignoriert werden. Erstens ist die Entscheidung in den meisten Fällen nicht völlig frei, sondern der Leistungserbringer wird dem Patienten kommunizieren, dass er an einem derartigen Vertrag teilnimmt und er diesem empfiehlt, das Angebot wahrzunehmen. Somit bedarf es einer erheblichen Ablehnung des Patienten, wenn er diesem Vorschlag nicht folgt. Zweitens stellt sich für den Patienten die Frage, ob er ohne die integrierte Versorgung keine gute Versorgung erhält und es entsteht Unsicherheit. Drittens ist das Kriterium Einschreibung nicht in allen Bereichen sinnvoll, wie beispielsweise der Palliativversorgung, wo eine nicht unerhebliche Anzahl von Patienten sich dem Thema nicht derart stellen möchten oder kann.

3.5 Kriterien der Beurteilung neuer Versorgungsformen aus Sicht der Vertragspartner

Nachdem ausführlich auf die gesundheitspolitische, medizinische und patientenzentrierte Bewertung eingegangen wurde, soll abschließend der Blickwinkel der Vertragspartner betrachtet werden. Dabei muss zwischen den Leistungsfinanzierern (Krankenkassen) und den Leistungserstellern differenziert werden. Sie gemeinsam in einem Block zu betrachten, ist aber insofern legitim, als dass durch die Einschreiberegelung die Vertragspartner gemeinsam ein Produkt entwickeln (wer auch immer im individuellen Fall die Entwicklungs- arbeit geleistet hat), das dem Markt (die Versicherten der Kasse) angeboten wird. Ein derartiges Verständnis bestand nicht von Vorhinein und wird auch nach wie vor von einigen Akteuren differenziert gesehen. Mit der Einführung des § 140 SGV V gingen viele Kassen – überspitzt formuliert – davon aus, die Leistungsersteller entwickeln „tolle" Konzepte und die Kassen, die dann generös Checklisten ins Netz gestellt hatten, suchen sich ihre Modelle aus und verkaufen sie dann als ihre. Schnell mussten sie allerdings feststellen, dass diese Strategie nicht funktionierte, da sie mit wenig ausgereiften Konzepten überschüttet wurden. Entsprechend haben viele Kassen massiv in die Entwicklung von IV-Konzepten investiert und gemeinsam mit Leistungserbringern Konzepte entwickelt.

3.6 Fazit: Von der Bewertung zur Zertifizierung?

Die Darstellung hat aufgezeigt, dass die Beurteilung und Einordnung aus sehr unterschiedlichen Blickwinkeln erfolgen und somit folgerichtig auch sehr unterschiedlich ausfallen kann. Trotzdem sind zwei Felder für den Erfolg entscheidend (s. Abb. 7).

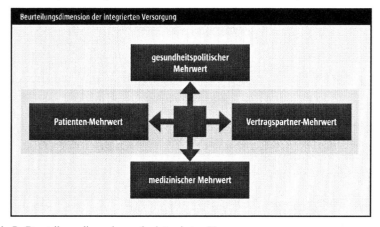

Abb. 7: Beurteilungsdimensionen der integrierten Versorgung

Nach der gültigen Rechtslage können Kassen ihre Mitglieder nicht zwingen, Leistungen aus einer neuen Versorgungsform in Anspruch zu nehmen. Dies muss langfristig nicht der Fall bleiben, entspricht aber der aktuellen Rechtsprechung und auch den aktuellen Erwartungen der Patienten, die die freie Wahl der Leistungserbringer als ein hohes Gut einschätzen. Langfristig ist es durchaus vorstellbar, dass Versicherungen Wahltarife anbieten, die nur neue Versorgungsformen beinhalten. Somit ist die Akzeptanz seitens der Patienten ausschlaggebend. Gleichermaßen ist die Akzeptanz bei den Vertragspartnern entscheidend, da diese sich nur dann engagieren werden, wenn sie für sich einen Benefit sehen. Gerade in einem wettbewerbsorientierten Gesundheitssystem ist der Fokus auf der Initiative der Vertragspartner. Es gilt, Rahmenbedingungen zu schaffen, die die Akteure motivieren, neue Versorgungskonzepte zu entwickeln und diese auf dem Markt zu prüfen. Dies sind somit die beiden entscheidenden Dimensionen in der Beurteilung.

Bewertungskonzepte können auch die Grundlage für eine Zertifizierung darstellen. Es stellt sich allerdings zunächst die Frage, ob eine Zertifizierung oder Zulassung in irgendeiner Form überhaupt notwendig ist. Aus wettbewerbstheoretischer Sicht ist die Akzeptanz durch den Markt ausreichend und eine Zertifizierung würde sich lediglich aus Schutzgründen legitimieren lassen. Bei der integrierten Versorgung ist die Situation aber insofern eine andere, als dass die Finanzierung aus einem gemeinsamen Topf erfolgt und es seitens der Nicht-Vertragspartner ein berechtigtes Informations- und Schutzinteresse gibt. Solange diese Mittel in Anspruch genommen werden, ist es durchaus legitim, eine Offenlegung des Wertversprechens einzufordern. Dies bedeutet selbstverständlich nicht, dass es zu einer vollständigen Transparenz kommen muss – diese wäre aus wettbewerbstheoretischen Überlegungen heraus auch kontraproduktiv, da sie die Innovationsbereitschaft massiv einschränken würde. Es wird lediglich gefordert, dass die Ziele des Vertrages transparent sind und auch einer Evaluation unterzogen werden. Auch aus Sicht der Patienten ist die Forderung nach Transparenz durchaus legitim, da Patienten ein Anspruch darauf haben sollten, zu erfahren, welchen Anreizen die beteiligten Leistungserbringer unterstehen. So ist es durchaus vorstellbar, dass Patienten nicht damit einverstanden wären, wenn ihre Leistungserbringer in einem Anreizschema eingebunden sind, bei dem diese von einem Profit-Sharing profitieren würden. Hier könnte die Gefahr gesehen werden, dass Leistungen vorenthalten werden, wenn der Arzt an den Einsparungen partizipiert.

Die Zertifizierung oder Schaffung eines Gütesiegels „patientenorientierte IV" muss dabei nicht von staatlichen Organisationen oder Institutionen der Selbstverwaltung initiiert werden. Sehr viel sinnvoller erscheint hier eine Art Stiftung Warentest im Gesundheitswesen, die als neutrale Stiftung gegründet werden könnte. Eine neutrale Organisation könnte ein derartiges Verfahren effizient und unbürokratisch durchführen (siehe beispielsweise NCQA; www.ncqa.org).

4. Konsequenzen und Bedingungen der Gesundheitssystemgestaltung

Die wesentlichen anzustrebenden Veränderungen in der Versorgungslandschaft lassen sich auf der Makroebene einfach unter dem Motto „aus Gesundheitssystemmodellen werden Tarife" und auf der Mikroebene „aus Gesundheitspolitik wird Gesundheitsmanagement" zusammenfassen[3]. Dabei ist entscheidend, dass eine Vielzahl von Versicherungsoptionen und gleichermaßen

---

[3] Nachfolgender Abschnitt basiert teilweise auf Amelung/Tilgner/Meyer-Lutterloh 2006.

eine Vielzahl von Organisationsformen entstehen werden. Nur Vielfalt kann sicherstellen, dass den weit stärker als von der aktuellen Gesundheitspolitik zugestandenen, divergierenden Bedürfnissen in der Bevölkerung adäquate Angebote gegenübergestellt werden können. Somit müssen „Geschäftsmodelle" um Marktsegmente konkurrieren. Dabei darf allerdings nicht ignoriert werden, dass Wettbewerb Kosten verursacht. Dies ist neben klassischen Transaktions-kosten[4] auch die Tatsache, dass es Gewinner und Verlierer geben wird. Dem steht die enorme Innovationskraft von Wettbewerb gegenüber. Dass während der Existenz der Sowjetunion dort kein einziges neues Medikament entwickelt wurde, dürfte auch für das Gesundheitswesen die Bedeutung von Wettbewerb abschließend erklären.

Bei allen Entwicklungen ist überhaupt nicht vorab definiert, aus welchem Bereich heraus sie sich entwickeln werden. Diese können aus der Ärzteschaft, von Krankenhäusern, von anderen Dienstleistern oder Industrie initiiert sein: Der Markt entscheidet über den Erfolg. Ausschlaggebend ist lediglich, dass alle die gleichen Startchancen erhalten und keine ungerechtfertigten Markteintritts-barrieren aufgestellt werden.

4.1 Von Einheitspaketen zu differenzierten Versicherungsprodukten

Einer der wesentlichen Veränderungsfaktoren der Versorgungslandschaft werden in Zukunft differenzierte Versicherungsverträge sein. Langfristig wird die aktuelle Struktur – mit im Endeffekt mehr oder weniger identischen Leistungspaketen und Versorgungsstrukturen im GKV-System – keinen Bestand haben, da sie weder finanzierbar ist, noch den Versichertenpräferenzen entspricht. Unserer Ansicht nach werden sich zumindest einige sehr unterschiedliche Versicherungsformen herauskristallisieren. Dabei wird die Unterscheidung aber nicht privat versichert versus gesetzlich versichert sein, sondern entlang einer Vielzahl ganz unterschiedlicher Konzepte erfolgen. Abbildung 8 stellt lediglich exemplarisch potenzielle Versicherungsprodukte dar, die eine Versicherung anbieten könnte. Je nach Versicherung wird das Spektrum sehr unterschiedlich sein und auch die bereits existierenden Produkte der heutigen PKV umfassen.

---

[4] Williamson, O. E. (1975): Markets and hierarchies: Analysis and antitrust implications – A study in the economics of internal organization, New York, 1975; Williamson, O. E. (1985): The economic institutions of capitalism – Firms, markets, relational contracting, New York oder Janus, K., Amelung, V. E. (2005): Integrated Health Care Delivery Based on Transaction Cost Economics – Experiences from California and Cross-National Implications, in: Savage G; Powell M. Advances in Health Care Management Volume 5 – International Health Care Management, 2005b, Elsevier Publications.

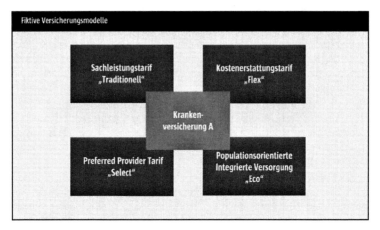

Abb. 8: Idealtypisches Leistungsportfolio einer Krankenversicherung
Quelle: Amelung, Tilgner, Meyer-Lutterloh (2006)

In unserem Modell bietet die Krankenversicherung – und idealerweise würden auch in Deutschland die gesetzlichen Krankenkassen in Krankenversicherungen umgewandelt werden, da es keine sinnvolle Argumentation für Körperschaften des öffentlichen Rechts gibt –, vier verschiedene, durchaus miteinander konkurrierende Versicherungsprodukte an, denen wir fiktive Produktnamen gegeben haben.

Im Sachleistungstarif „Traditionell" ändert sich für den Versicherten der klassischen gesetzlichen Krankenkasse wenig. Er erhält einen definierten Leistungsumfang an Sachleistungen und die Vergütung erfolgt direkt zwischen Leistungserbringer und Versicherung.

Im Kostenerstattungstarif „Flex" wird der Patient weitgehend in die Steuerung eingebunden. Er erhält die Rechnungen der Leistungserbringer, die er völlig frei wählen kann und muss auch einen Teil der Rechnung selbst tragen. Im Sinne des schweizerischen Ansatzes sollten hier Selbstbehalte und Selbstbeteiligungen kombiniert werden. Dieser Tarif könnte auch noch nach unterschiedlichem Leistungsumfang differenziert werden.

Beim fiktiven Preferred-Provider-Tarif „Select" handelt es sich um eine Kombination aus den beiden ersten Modellen. Bei ausgewählten Vertragspartner (den so genannten preferred provider) der Krankenversicherung kann Sachleistung vereinbart sein, wohingegen bei allen anderen Vertragspartnern der Versicherte zuerst die Rechnung selbst bezahlen muss und anschließend einen vorab definierten Anteil erstattet bekommt. Für den Versicherten bedeutet dies erhebliche Anreize, die ausgewählten Anbieter (preferred provider) zu nutzen, ohne dabei die generelle Wahlfreiheit aufgeben zu müssen. Für die

Krankenversicherung entsteht die Möglichkeit, selektiv zu kontrahieren und entsprechend Einfluss auf die Kosten und die Qualität zu nehmen. Eine Sonderform nimmt der Tarif „Eco" ein, der auf einer populationsorientierten integrierten Versorgung aufbaut. Hier übernimmt ein integriertes Versorgungssystem die Versorgung für eine vorab definierte Population und erhält dafür Kopfpauschalen. Auf diese Form der Versorgung wird später noch ausführlicher eingegangen.

Dieses einfache Beispiel einer Versicherung, die vier sehr unterschiedliche Tarife für ihre Versicherten anbietet, könnte durchaus ein Modell für einen zukünftigen Versicherungsmarkt darstellen. Entscheidend ist, dass bei den vier Optionen die Versicherten einerseits den Umfang ihres Versicherungsschutzes und die vertragsspezifischen Spielregeln selbst bestimmen und andererseits festlegen, welchen Beitrag sie zahlen wollen. Es ist offensichtlich, dass der traditionelle Tarif die höchsten Prämien haben wird. Dafür muss der Versicherte sich aber weder einschränken, noch übernimmt er Verantwortung. Der Kostenerstattungstarif „Flex", mit Selbstbeteiligungen und Selbstbehalten, ist eine klassische Hochrisikoversicherung, da er wesentlich auf einer out-of-pocket-Finanzierung aufbaut. Entsprechend sind die Prämien signifikant niedriger. Wie bereits dargestellt, ist der preferred-provider-Tarif ein typisches Kompromissprodukt und entsprechend voraussichtlich auch im Tarif zwischen den ersten beiden angesiedelt. Je nach Ausgestaltung wird die populationsorientierte integrierte Versorgung mit Abstand die niedrigsten Tarife anbieten können. Im Gegenzug müssen sich die Versicherten allerdings auch an striktere Regeln halten und sind in ihrer Entscheidungsfreiheit sehr eingeschränkt.

4.2 Aus Gesundheitspolitik wird Gesundheitsmanagement

Für die Gesundheitspolitik bedeuten derartige kundenorientierte Modelle allerdings, dass sie sich nicht in die Detailregelungen einmischen darf, sondern lediglich generelle Rahmenbedingungen definieren kann. Dies ist insofern entscheidend, da die vorgestellten fiktiven Modelle lediglich Grobskizzen darstellen, der Markt die Ausgestaltung kontinuierlich beeinflusst und sich zwischen den unterschiedlichen Anbietern ebenfalls sehr unterschiedliche Konzepte etablieren sollen. Trotzdem bleiben wesentliche Aufgaben für staatliche und/oder nicht-staatliche Institutionen. Auch in einem derartigen System bedarf es aus Verbraucherschutzgründen einer modifizierten und leistungsorientiert ausgestalteten GOÄ, die allerdings nur dann angewandt wird, wenn keine anderen Verträge geschlossen wurden. Sie ist somit der „doppelte Boden", damit es nicht zu Übervorteilungen kommt und gewisse Rechts- und Planungssicherheit besteht. Auch führt Vielfalt zu Intransparenz und es muss sichergestellt werden, dass Versicherte Entscheidungen treffen können. Hierzu müssen Standards der Kommunikation definiert werden, wie beispielsweise Zertifizierungen. Die Transparenzanforderungen könnten aber genauso gut von nicht oder nicht unmittelbar staatlichen Organisationen wie der „Stiftung Warentest" übernommen werden.

Darüber hinaus müssen Mindestkriterien für Versicherungen definiert werden, die nicht unterschritten werden dürfen. Versicherungen dürfen nicht derart ausgehöhlt werden, dass sie zu Nicht-Versicherung führen und somit die Kosten wiederum – wie ja in den USA auch der Fall – auf die Allgemeinheit abgewälzt werden (Amelung/Janus 2008).

Unterschiedliche Leistungsumfänge und Versicherungskonditionen führen im Krankenversicherungsmarkt, der durch einige Spezifika gekennzeichnet ist (Unterschätzung des zukünftigen Bedarfs und die Schwierigkeit der zukünftigen individuellen Bedarfsabschätzung), tendenziell zu Marktversagen. Auch in einem Wettbewerbsmodell mit extrem unterschiedlichen Vertragsformen benötigt es einen versicherungstechnischen Lastenausgleich. Dieser könnte insofern abgeschwächt werden, wenn sogenannte Medical Saving Accounts (individuelle Altersrückstellungen, die tarifunabhängig gebildet werden) verpflichtend aufgebaut werden. Damit ist der wesentliche Umverteilungsfaktor Alter nicht mehr relevant und es kann sichergestellt werden, dass jederzeit problemlos zwischen den unterschiedlichen Versicherungsformen gewechselt werden kann. Eine Situation, wie sie heute ein Deutschland anzutreffen ist, dass Privatversicherte, die bereits länger bei einer Versicherung Mitglied sind, de facto diejenigen sind, die überhaupt keine Wahlmöglichkeiten haben und ihrer Versicherung quasi ausgeliefert sind, ist nicht im Sinne einer liberalen Gesundheitspolitik. Die Gesundheitspolitik würde sich somit auf die wesentlichen Funktionen der Sicherstellung von Transparenz, dem Verhindern von Marktmacht und der Schaffung von konstruktiven Rahmenbedingungen zurückziehen können.

5.   Gesundheitsversorgung 2018 – eine Vision für Managed Care

Erfolgreiches Management ist maßgeblich dadurch gekennzeichnet, dass relativ konkrete Visionen über zukünftige Positionierungen und deren zugrunde liegenden Entwicklung bestehen. Das bedeutet, ein erfolgreicher Kranken-kassen- oder Krankenhausmanager muss heute wissen, wie seiner Ansicht nach seine Institution in 10 oder 15 Jahren aussehen soll und welche Schritte hierfür notwendig sind. Dies sollte wahrscheinlich auch nicht in irgendwelchen Dokumenten festgehalten werden, sondern spiegelt vielmehr grundlegende Vorstellungen wider (s. Abb. 9).

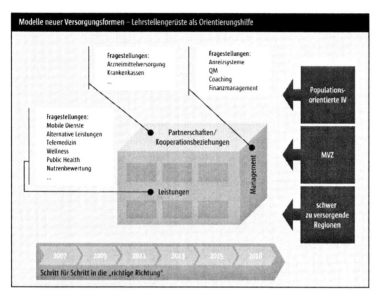

Abb. 9: Modelle Neuer Versorgungsformen

Drei Entwicklungsrichtungen und Herausforderungen sind aus Sicht des BMC besonders bedeutend:

- die Neuorganisation des ambulanten Sektors,
- die populationsorientierte integrierte Versorgung und
- neue Versorgungsformen für schwer zu versorgende Regionen.

Diese Entwicklungsrichtungen müssen dabei nicht isoliert verlaufen, sondern können sich durchaus zu einem integrierten Konzept zusammenfügen. Die ersten zwei Aspekte sollen im Folgenden näher beleuchtet werden, der dritte Aspekt ist noch nicht ausreichend ausgearbeitet worden und muss somit noch ausgeklammert werden.

5.1 Von der Einzelpraxis zu professionellen Strukturen – der ambulante Sektor im Umbruch

Kein anderer Bereich in der Versorgung wird in den nächsten Jahren einen derartig bedeutenden Wandel erfahren wie der ambulante Sektor (Amelung/Cornelius 2008). Traditionelle Strukturen werden in weiten Zügen durch neue Organisationsformen verdrängt. Die auch aus den Vorabendserien vertrauten Einzelpraxen mit „Doktor plus Helferinnen" stehen durch die neuen rechtlichen Möglichkeiten nun in Konkurrenz mit professionellen Netzwerkstrukturen und werden mittelfristig nur noch eine Nischenrolle einnehmen können. Der ambulante Sektor wird sich in den nächsten Jahren von freiberuflichen zu institutionellen Strukturen wandeln. Es ist durchaus vorstellbar, dass in 10 bis 15 Jahren der Markt folgende Strukturen aufweisen wird:

- überregionale Ketten von Medizinischen Versorgungszentren mit Zugang zum Kapitalmarkt (die „Fielmanns" in der ambulanten Versorgung),
- Medizinische Versorgungszentren, die von Krankenhäusern im Sinne einer Ausdehnung der Wertschöpfungskette und der Optimierung der Zulieferstrukturen betrieben werden,
- hochspezialisierte Einzelpraxen, die gegebenenfalls auch von der zuliefernden Industrie betrieben werden können,
- etablierte Einzelpraxen, die Nischen bedienen (Koryphäen, die sich den normalen Marktstrukturen entziehen)
- Einzelpraxen, die weiterhin unabhängig betrieben werden, aber sich einer „Care Alliance" anschließen. Sie sind somit eingebunden in virtuelle Netzwerke
- quasi „übrig gebliebene Reststrukturen" von traditionellen Strukturen, die entweder keine Veränderung mehr wollen (Nähe zur Praxisaufgabe) oder wo die Marktstrukturen eine derartige Strategie zulassen (insbesondere unterversorgte Regionen).

In einem ausdifferenzierten System gibt es keine grundsätzliche Präferenz für die eine oder andere Organisationsform, sondern das Nebeneinander und die Vielfalt ist entscheidend. Institutionen wie das Berliner Polikum (Weatherly et al. 2007) werden Filialen bilden und sich zu einem Netzwerk ausweiten. Die Expansion wird sicherlich wie in anderen Branchen auch über Franchising beschleunigt werden. Der Aufbau der Marke Polikum wird eine der wesentlichen Zielsetzungen sein. Aus Patientensicht ist dies absolut zu befürworten. Marken geben die Möglichkeit, in einem Wettbewerbsumfeld einfacher und zielgerichteter Entscheidungen zu treffen (Cornelius/Otto/Amelung 2008). Der ambulante medizinische Sektor ist grundsätzlich ein ausgesprochen attraktiver Investitionsmarkt und es spricht nichts gegen eine Professionalisierung und Industrialisierung.

Fallstudie[5]: Das Medizinische Versorgungszentrum POLIKUM in Berlin Friedenau

Seit dem GKV-Modernisierungsgesetz vom 01.01.2004 dürfen fachübergreifende Medizinische Versorgungszentren mit angestellten Ärzten in der Rechtsform einer Kapitalgesellschaft an der ambulanten Versorgung teilnehmen (§ 95 Abs. 1 SGB V).

---

[5] Aus Amelung, Managed Care 2007

Dementsprechend gründeten zwei Vertragsärzte und ein Kaufmann als alleinige Gesellschafter im Juni 2004 die POLIKUM Friedenau MVZ GmbH und bauten das derzeit größte Medizinische Versorgungszentrum Deutschlands auf. Aktuell arbeiten im POLIKUM Friedenau 42 angestellte Ärzte nahezu aller Fachrichtungen. Nach einer sorgfältigen Vorplanung wurde das POLIKUM Friedenau am 17.10.2005 auf dem Klinikumsgelände des großen Berliner Krankenhausträgers Vivantes GmbH eröffnet.

Basierend auf die erfolgreiche Etablierung dieses MVZs gründete Dr. Otto gemeinsam mit einem kaufmännischen Partner die POLIKUM-Gruppe und weitere Gesellschaften – bspw. die POLIKUM Service GmbH – und verfolgt zielstrebig den Aufbau weiterer MVZs z. B. POLIKUM Berlin II und POLIKUM Hamburg.

Das Modell des POLIKUM Friedenau

Mit Blick auf den strategisch geplanten Bau weiterer MVZs wurden von Anfang an die Management-Zentrale mit derzeit ca. 20 Mitarbeitern und das MVZ an unterschiedlichen Orten untergebracht. Alle Verwaltungsaufgaben, die nicht unmittelbar an die medizinische Leistungserbringung gekoppelt sind – z. B. Abrechnung, Personalvergütung und Controlling – werden von der Management-Zentrale übernommen. Diese entwirft und betreut auch ein einheitliches Marken- und Marketingkonzept für hochwertige ambulante Medizin. So gilt für alle POLIKUM-Einrichtungen bspw. der Grundsatz, dass kein medizinisches Gerät älter als 5 Jahre ist.

Das POLIKUM Friedenau bietet zum einen ‚normale' ambulante vertragsärztliche Versorgung an. Mit fast allen gängigen Fachrichtungen, Physiotherapie, Ernährungsberatung, einem Sanitätsfachhandel und einer Apotheke unter einem Dach bietet das MVZ Vollversorgung in der ambulanten Medizin und kurze Wege. Die Wartezeiten des Patienten werden ebenfalls verkürzt, da die komplexe Termin-/Untersuchungsplanung im Unterschied zu bspw. Ärztehäusern IT-gestützt von Arzthelferinnen am zentralen Empfang vorgenommen wird. Eine Reduktion der Wartezeiten wird ferner durch die redundante Besetzung der meisten Fachrichtungen erreicht, die Öffnungszeiten von 7–21 Uhr von Montag bis Freitag ermöglicht. Für eine inhaltlich abgestimmte, transparente, leitlinienkonforme Behandlung sorgt neben dem engen Kontakt der Ärzte eine zentrale digitale Patientenakte, auf die alle Ärzte des MVZs jederzeit zugreifen können. Sämtliche ca. 90 medizintechnische Geräte des POLIKUM Friedenau speisen ihre Daten direkt in diese digitale Patientenakte ein, sodass das POLIKUM Friedenau vollständig papierlos arbeitet.

Die ‚normale' ambulante vertragsärztliche Versorgung erweiternd, hat das POLIKUM Friedenau die ersten umfassenden IV-Verträge mit gesetzlichen Krankenkassen abgeschlossen (AOK Berlin und Barmer Ersatzkasse), kooperiert indikationsbezogen mit mehreren großen Krankenhäusern und betreibt den Aufbau eines Vertrags-Netzwerks mit Pflege- und Sozialdiensten. Ferner wird ambulantes Operieren in einem ausgelagerten POLIKUM-Standort mit zwei Operationssälen angeboten. POLIKUM-Friedenau plant außerdem ein Partner-Netzwerk mit umliegenden niedergelassenen Ärzten, in dem ein mehrstufiges Kooperationskonzept umgesetzt werden soll.

Das Geriatrie-Netzwerk Berlin Friedenau ist ein Beispiel für eine vertikale integrierte Versorgung, in der das POLIKUM Friedenau als Netzwerkzentrale fungiert. Hier arbeiten niedergelassene Ärzte, das - POLIKUM Friedenau, 2 geriatrische Abteilungen der Vivantes GmbH, mehrere Pflegedienste und das wissenschaftliche Institut für Sozialmedizin der Charité zusammen. Durch die Koordination des POLIKUM Friedenau wurden fach- und sektorenübergreifende Behandlungspfade/Programme festgelegt. Das Programm ‚Sturzprävention' ist bereits implementiert. Weitere Themen wie z. B. Schlaganfall, Ernährung oder Wundtherapie werden bearbeitet. Für sämtliche Kooperationen arbeitet POLIKUM an optimalen Lösungen für die EDV-Anbindung der Vertragspartner an die elektronische Patientenakte des POLIKUM Friedenau.

Langfristig strebt die POLIKUM-Gruppe ganz im Sinne der integrierten Versorgung die Vergütung per Capitation und damit die Übernahme des Versicherungsrisikos an.

Ergebnisse

Seit der Eröffnung wuchs die Zahl der Ärzte des -POLIKUM Friedenau kontinuierlich von 16 auf 42 an. Dadurch konnte bislang die stetig wachsende Nachfrage der Patienten durch Zukauf neuer Arzt-Zulassungen befriedigt werden.

Bei den niedergelassenen Ärzten ist eine begründete Konkurrenzangst zu beobachten, der die Betreiber des POLIKUM Friedenau mit der Betonung ihres Interesses an friedlicher und konstruktiver Koexistenz und mit konsequentem Zurückempfehlen von überwiesenen Patienten begegnen. Die Lösung des Wettbewerbsproblems sieht POLIKUM in abgestuften Kooperationsvereinbarungen, in denen die Niedergelassenen z. B. an den IV-Vereinbarungen des POLIKUM Friedenau partizipieren können und an eine vorbildliche EDV-Infrastruktur angebunden werden.

Ohne dass statistische Belege vorliegen, wird deutlich, dass sich allein aus der Kooperations- und Organisationsform des POLIKUM Friedenau ein Rückgang stationärer Einweisungen ergibt. Dank guter ärztlicher Absprache der medikamentösen Therapie und dem Wegfall von Verdachts- und Sicherheitsverschreibungen gibt es im POLIKUM Friedenau absolut keine Schwierigkeiten mit Arzneimittelrichtgrößen.

Aus der vertragsärztlichen Versorgung generiert POLIKUM Friedenau entsprechend dem Honorarverteilungsmaßstab – abgesehen von Synergieeffekten – denselben Umsatz wie jede andere gut gehende Praxis. Daher sind die Einnahmen aus Vereinbarungen zur integrierten Versorgung oder über besondere ambulante Versorgung (§ 73c SGB V) eine wesentliche Stütze für den Unternehmenserfolg der POLIKUM-Gruppe. Durch sorgfältige und langfristige Planung konnte das Team um Dr. med. Wolfram Otto ein auch politisch vielbeachtetes Vorzeigezentrum der ambulanten medizinischen Versorgung errichten. Anfang 2008 wurden POLIKUM Berlin II und Berlin III mit einer Kapazität von ca. 50 Ärzten eröffnet.

Weitere Informationen zur POLIKUM-Gruppe: www.polikum.de oder Weatherly et al. 2007.

Parallel zu der unabhängigen Kettenbildung wird gleichermaßen eine konsequente Ausweitung der Wertschöpfungskette des stationären Sektors stattfinden. Mit Ausnahme von hochspezialisierten Krankenhäusern werden sämtliche Krankenhäuser prüfen, inwieweit es sinnvoll ist, in den ambulanten Sektor zu expandieren. Aus einem schrumpfenden Markt kommend, ist diese Strategie nur folgerichtig. Gerade in hoch kompetitiven Märkten müssen die Krankenhäuser sicherstellen, dass die Zulieferstrukturen optimiert sind und die Versorgungsketten optimiert werden können. Diese Entscheidungen sind für Krankenhäuser nicht einfach, da die Vorteile der Expansion mit den Gefahren, die dadurch bestehen, in die Märkte der Zulieferer einzugreifen, abgewogen werden müssen. Insbesondere die privaten Krankenhausketten werden hier eine Vorreiterrolle einnehmen.

Unabhängig zu den Entwicklungen durch neue Akteure in der ambulanten Versorgung und durch die Wertschöpfungskettenerweitung durch Krankenhäuser wird es auch zukünftig solitäre Strukturen geben. Hochspezialisierte Ärzte und Koryphäen werden auch zukünftig ihre Nischen haben. Gleichermaßen wird sich eine erhebliche Anzahl von Akteuren gegen Veränderungen entscheiden, da sie andere Ziele verfolgen. Ein beispielsweise 58-jähriger Arzt mit dem Ziel in fünf Jahren in den Ruhestand zu gehen, kann sich durchaus dafür entscheiden, trotz verschlechterter Rahmenbedingungen weiterzumachen. Gleichermaßen wird es Regionen geben (z. B. eine Hallig in der Nordsee), in denen Veränderungen nicht notwendig sind.

5.2 Populationsorientierte Versorgung – politisches Wunschkind, aber auch umsetzbar?

Die populationsorientierte integriere Versorgung gehört zu den absoluten politischen „Lieblingskindern". Der Grundgedanke ist ausgesprochen einfach. Eine Institution, das kann eine Krankenkasse, ein Leistungserbringer oder eine dritte Organisation sein, übernimmt für eine bestimmte Population für einen abgegrenzten Zeitraum die Versorgung zu vorab definierten Qualitätsstandards und Leistungspaketen. Hierfür erhält sie ein vorab festgelegtes Budget. Die damit einhergehenden Steuerungswirkungen sind ausgesprochen attraktiv. Derjenige, der die Versorgung für eine Population übernimmt, hat ein wirkliches Interesse an der Gesunderhaltung einer definierten Bevölkerung, da sein Gewinn die Differenz zwischen der Capitation-Rate und den Ist-Kosten ist. Je günstiger eine Bevölkerung versorgt werden kann (hier wird bereits offensichtlich, wie entscheidend die Definition und Kontrolle von Qualitätskriterien ist, da erhebliche Anreize zur Leistungsvorenthaltung bestehen), desto erfolgreicher ist ein System. Folgende Fallstudie zeigt deutlich das enorme Potenzial von populations-orientierten Versorgungskonzepten.

Fallstudie[6]: Montefiore – integrierte Versorgung vulnerabler Bevölkerungsgruppen in New York City
Ausgangslage
Montefiore ist eines der ältesten integrierten Versorgungssysteme in den USA. Gegründet wurde Montefiore 1884 als „Home for Chronic Invalids" mit einer damaligen durchschnittlichen Aufenthaltsdauer von mehr als 350 Tagen. Bereits in der ersten Hälfte des 20sten Jahrhunderts wurden Elemente eines integrierten Versorgungssystems aufgenommen (1920 outpatient clinics und 1947 Home Health Care). Ende der 80er Jahre wurde mit dem massiven Aufbau des Primary Care Networks begonnen (s. Abb. 9).
Heute bildet Montefiore nahezu das komplette Portfolio an Gesundheitsleistungen ab. Die Versorgung beginnt ausgesprochen basisnah in den Schulen der Bronx – Montefiore verfügt auch über mobile Einrichtungen – und baut dann stark auf primärärztliche Zentren auf. Diese sind mit größeren Medizinischen Versorgungszentren vergleichbar. Die fachärztliche Versorgung erfolgt sowohl in diesen Zentren als auch in Portalkliniken und Ambulanzen. Besonders hervorzuheben ist die Schnittstelle Akutversorgung und Reha-Versorgung. Ein Pflegeheim ist direkt auf dem Campus und ermöglicht eine Optimierung dieser sowohl aus Kosten- als auch aus Qualitätsaspekten kritischen Schnittstellen. Komplettiert wird

---

6 Amelung, Managed Care 2007 und Amelung/Berchtold, 2008

das Angebot durch einen ausgedehnten ambulanten Versorgungsdienst sowie einem Callcenter. Es muss allerdings deutlich hervorgehoben werden, dass nicht alle Systemelemente im Eigentum sein müssen. Ein derartiges System lässt sich auch über verbindliche Verträge steuern. Mit diesen Strukturen agiert Montefiore nicht nur als klassischer Leistungsanbieter, sondern übernimmt für 150.000 Einwohner der Bronx das komplette Risiko. Für diese Versicherten, die aus dem bundesstaatlichen Medicaid-Programm kommen, wird Montefiore über eine Kopfpauschale vergütet.

Mit derartigen Strukturen lassen sich auch Disease Management-Programme sinnvoll umsetzen. Der Fokus der Disease Management-Programme liegt bei Montefiore auf der Versorgung chronisch Kranker. Entsprechend wurden Programme für KHK, Diabetes, Asthma, Depression, Bluthochdruck und Nierenversagen, d. h. den als Volkskrankheiten bezeichneten Indikationen, entwickelt und umgesetzt. Die Konzepte zeichnen sich einerseits durch eine starke primärärztliche Fokussierung und interdisziplinäre Konzeption als auch die erhebliche telemedizinische Unterstützung aus.

Neben diesen indikationsorientierten Ansätzen hat Montefiore 2007 damit begonnen, zielgruppenspezifische Programme zu entwickeln. So wird in einem Programm gezielt auf die Herausforderungen der Versorgung Hochbetagter angegangen (hier ist beispielsweise die Sturzprophylaxe im häuslichen Umfeld eine große Herausforderung).

Beurteilung

Bei der Beurteilung von Montefiore muss berücksichtigt werden, dass das System in der Bronx wohl in einem der anspruchsvollsten und schwierigsten sozialen Umfelder der USA agiert. Die Bronx gehört mit 1,7 Mio. Einwohnern zu den 10 größten der amerikanischen Großstädte. Mit einen Anteil von 30% der Bevölkerung an Medicaid-Berechtigten und einem Drittel der Bevölkerung mit einem Einkommen von weniger als 10.000 US-$, 3/4 Non-Whites und mit einer Kindersterblichkeit von 13,3% stellt sie ohne Frage eines der benachteiligsten sozialen Umfelder dar.

Umso mehr beeindrucken die Leistungen von Montefiore. Montefiore zeigt, dass integrierte Versorgungskonzepte, die weite Teile der Wertschöpfungskette beinhalten, auch – oder vielleicht insbesondere – in einem solchen Umfeld umsetzbar sind. Abbildung 10 stellt nochmals in anderer Form dar, wie vollständig die Wertschöpfungskette konzipiert ist.

Die vollen „Früchte" von einer derart weitgehenden Integration lassen sich womöglich sogar nur in einem Umfeld realisieren, das durch sehr geringe Fluktuation gekennzeichnet ist.

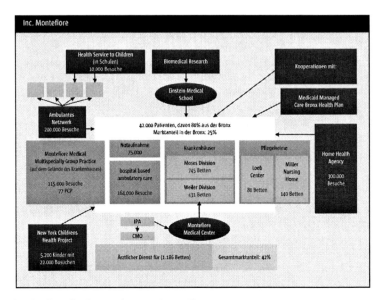

Abb. 10: Organisationsstruktur von Montefiore

Trotz der deutlich schwieriger zu versorgenden Bevölkerungsstruktur –
die Asthmaprävalenz liegt beispielsweise bei 42% – erzielt Montefiore in
allen Qualitätsindikatoren des Staates New York bessere Ergebnisse, als
der Durchschnitt. Die hohe Versorgungsqualität konnte nur erreicht
werden, weil Montefiore konsequent in die Verbesserung der Versorgung
investiert hat. Zwischen 1995 und 2005 wurden insgesamt 950 Mio US-$
in das Versorgungssystem investiert, alleine 150 Mio US$ in die
Informationstechnologie.

Weitere Informationen zu Montefiore: www.montefiore.org.

Aus der Fallstudie wird deutlich, dass die populationsorientierte Versorgung
in Deutschland – Ausnahmen sind hier eigentlich nur die Konzepte der
Knappschaft und mit Abstrichen jene aus dem Kinzigtal (siehe Weatherly
2007) – noch sehr weit entfernt ist von wirklicher populationsorientierter
Versorgung und sich kaum langfristig durchsetzen wird. Drei Aspekte sind
dabei entscheidend:

- fehlende Mindestgröße,
- fehlender Zugang zum Kapitalmarkt und
- fehlende oder ungenügende Managementstrukturen.

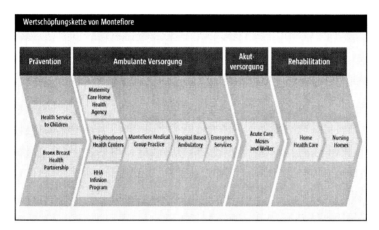

Abb. 11: Wertschöpfungskette von Montefiore

Populationsorientierte Versorgung setzt erhebliche Mindestgrößen voraus. Diese sind nötig, um einerseits die Managementkosten zu amortisieren und andererseits um effektiv und personenungebunden steuern zu können. In den USA geht man von mehrere hunderttausend Versicherten pro lokalem Markt aus. Generell gilt als Mindestgröße zumindest über 100.000 Versicherte, um eine Managementstruktur aufzubauen und zu unterhalten, die tatsächlich Versorgung steuern kann. Außerdem nimmt der Einfluss einzelner Ärzte mit zunehmender Größe ab. Dies ist insofern wichtig, als dass nur so generelle Strukturen, z. B. Vergütungssysteme oder Qualitätsmanagementanforderungen umgesetzt werden können. Darüber hinaus sind versicherungstechnische Argumente entscheidend. Populationsorientierte integrierte Versorgungsmodelle sind Gesundheitssysteme im Gesundheitssystem und bedürfen einer derartigen Größe, dass sie statisch stabil sind und somit Kopfpauschalen berechnet werden können, ohne dass Einzelfälle dominant werden.

Der Aufbau von effizienten Strukturen bedarf erheblicher Investitionen. So hat Montefiore beispielsweise in den letzten 10 Jahren 950 Mio US-$ in den Aufbau seiner Strukturen investiert. Alleine 150 Mio US-$ werden in eine adäquate Informationstechnologie investiert. Hohe und langfristig ausgerichtete Investitionen sind die absolute Notwendigkeit für den Aufbau nachhaltiger Strukturen. Insbesondere netzwerkartige Strukturen scheitern hier, da sie keinen Zugang zum Kapitalmarkt ausweisen und über keine geeignete Rechtsform verfügen. Vereinsähnliche Strukturen sind hier vermutlich zum Scheitern verurteilt und so oder so mit wenigen marginalen Vorteilen versehen. Auch wenn Systeme wie Montefiore, wie jedes moderne Unternehmen auch, in weiten Teilen auf Netzwerkstrukturen aufbaut, muss ein Unternehmen – damit es steuerbar ist – den Kern des Geschäftsmodells besitzen. Dies würde bei einem populationsorientierten Versorgungsmodell bedeuten, dass zwar nicht das Krankenhaus im Eigentum sein muss – obwohl dies wahrscheinlich empfehlenswert wäre – aber zumindest ein erheblicher Anteil der eingebundenen ambulanten Praxen.

Neben der notwendigen Größe und dem Zugang zum Kapitalmarkt sind die Managementstrukturen entscheidend. Populationsorientierte integrierte Versorgung bedarf dem Geschäftsmodell entsprechender Managementstrukturen. In der Regel sind diese durch klare Eigentumsstrukturen, Verantwortlichkeiten und Professionalität gekennzeichnet. Die in einem derartigen Business-Modell anliegenden Managementherausforderungen lassen sich auf keinen Fall in vereinsähnlichen Strukturen oder teilzeitmäßig, ehrenamtlich und in der Denkweise von Selbstverwaltungsstrukturen abbilden. Gerade vor diesem Hintergrund ist es wichtig konsequent in die Personalentwicklung zu investieren (Amelung/Berchtold 2008). Dabei geht es darum, einerseits neue Berufsfelder, die für den Erfolg entscheidend sind, auszubilden (hier insbesondere Case und Disease Manager) und andererseits die bestehenden Strukturen weiterzuentwickeln. In diesem Bereich geht es primär um die Vermittlung von Schlüsselqualifikationen wie Teamfähigkeit, vernetztes Denken und Kommunikationsfähigkeit.

Verwendete und weiterführende Literatur:

Akerlof, G. (1970): The Market for „Lemons": Quality Uncertainty and the Markets, in: Quarterly Journal of Economics, 84, S. 488–500.

Alchian, A./Demsetz H. (1972): Production, Information Costs, and Economic Organization, in: AER Dec., S. 777–95.

Amelung V. E. (2007): Integrierte Versorgung – von Pilotprojekten zur „wirklichen" Regelversorgung, In: Gesundheits- und Sozialpolitik 1–2/2007, S. 47–50.

Amelung, V. E. (1999): Managed Care: Organisationen im Wandel – Produktdifferenzierung und Mehr-Produkt-Unternehmen, in: zfb, Sonderband 5.

Amelung, V. E./Berchtold P. (2008): Neue Schlüsselqualifikationen und Berufsfelder in Managed Care. Care Management 01/2008 (Nr.2), S. 1–4.

Amelung, V. E./Cornelius, F. (2008): Themenheft Gesundheitsökonomie. Jahrbücher für Nationalökonomie und Statistik. Henke. K.D. (Hrsg.). Bd. 227, Lucius & Lucius. Stuttgart.

Amelung, V. E./Janus, K. (2005): Erfolgsfaktoren für die integrierte Versorgung unter Einbeziehung von Erfahrungen aus den USA, in: Hellmann, W. (Hrsg.): Handbuch integrierte Versorgung, 3. Erg. Lfg. 4/05, Economica Bonn, S. 1–26.

Amelung, V. E./Janus, K. (2005): Modelle der integrierten Versorgung im Spannungsfeld zwischen Management und Politik, In: Klauber, J./ Robra, B-P./Schnellschmidt, H.: Krankenhausreport 2005, Schattauer Stuttgart, S. 13–26.

Amelung, V. E./Janus, K. (2006): Veränderte Marktstrukturen für Ärzte im ambulanten Sektor, Gesundheit und Gesellschaft Wissenschaft, 6 (3), S. 26–35.

Amelung, V. E./Janus, K. (2008): US-Gesundheitswesen: Health Care vor der Wahl, Gesundheit und Gesellschaft 11/2008, S.22–28.

Amelung, V. E./Meyer-Lutterloh, K./Tilgner, S. (2006): Prinzipien einer nachhaltigen Gesundheitspolitik. Orientierung zur Wirtschafts- und Gesellschaftspolitik 2006; 109(3), S. 53–56.

Arrow, K. (1963): Uncertainty and the Welfare Economics of Medical Care, in: American Economic Review, December 53(5), S. 941–973.

Arrow, K. (1985): The Economics of Agency, in: Pratt, J. W. Zeckhauser R., Principals and Agents, Harvard Business School Press, Bosten, S. 1–38.

Baumberger, J. (2001): So funktioniert Managed Care. Anspruch und Wirklichkeit der integrierten Gesundheitsversorgung in Europa, Thieme, Stuttgart.

Berchtold, P./Hess, K. (2006): Evidenz für Managed Care – Europäische Literaturanalyse unter besonderer Berücksichtigung der Schweiz: Wirkung von Versorgungssteuerung auf Qualität und Kosteneffektivität, Arbeitsdokument 16, Schweizerisches Gesundheitsobservatorium, Obsan Zollikofen.

Bodenheimer, T./Grumbach, K. (2002): Understanding Health Policy – A Clinical Approach, 3. Aufl., McGraw Hill, Publ. Comp.

Brown, L. D./Amelung V. E. (1999): „Manacled" Competition in the German Health Insurance Market, in: Health Affairs, May/June, S. 76–91.

Coase, R. (1937): The Nature of the Firm, Economia, Bd. 4, Enzyclopedia of Political Economy, S. 386–405.

Cornelius, F./Otto, W./Amelung, V.E. (2008): Markenbildung im Gesundheitswesen. Ärztepost 01/2008, S. 5–8.

Cortekar, J./Hugenroth, S. (2006): Managed Care als Reformoption für das deutsche Gesundheitswesen, Metropolis Verlag.

Dahm, J. (2005): Vertragsgestaltung bei Integrierter Versorgung am Beispiel „Prosper – Gesund im Verbund", Medizinrecht Heft 3 2005, 121–126.

Dierks, C. (2005): Integrierte Versorgung aus juristischer Sicht, ZaeFQ Vol. 100 2006, 37–39.

Engelmann, K. (2007): Filialbildung in der ambulanten Versorgung, ZaeFQ Vol. 99 2005, 122–127.

Gensichen, J. et al (2006), Die Zukunft ist chronisch – Das chronic care modell in der deutschen Primärversorgung, Z Ärztl Fortb Qual, 100, S. 365–374.

88

Greß, S./Manouguian, M./Wasem, J. (2006): Lernen vom Nachbarn? Deutsche und niederländische Krankenversicherungsreform im Vergleich, Soziale Sicherheit 12/2006, 412–417.

Grobe, Th./Dörning, H./Schwartz, F.-W. (2003): GEK-Gesundheits-monitor, Schwäbisch-Gmünd.

Herzlinger, R. (1998): Market Driven Health Care, Addison-Wesley.

Janus, K./Amelung, V. E. (2005): Integrated Health Care Delivery Based on Transaction Cost Economics – Experiences from California and Cross-National Implications, In: Savage, G./Chilingerian, J./Powell, M.: Advances in Health Care Management Volume 5 – International Health Care Management, Elsevier Publications Bridge-water, S. 121–160.

Janus, K./Amelung, V. E. (2004): Integrierte Versorgungssysteme in Kalifornien – Erfolgs- und Mißerfolgsfaktoren der ersten 10 Jahre und Impulse für Deutschland. Das Gesundheitswesen; 66 (10), S. 649–655.

Janus, K./Amelung, V. E. (2005): Integrated Health Care Delivery Based on Transaction Cost Economics – Experiences from California and Cross-National Implications, In: Savage, G./Chilingerian, J./Powell, M.: Advances in Health Care Management Volume 5 – International Health Care Management, Elsevier Publications Bridgewater, S. 121–160.

Janus, K./Amelung, V. E. (2005): Integrierte Versorgung, In: Stierle, G. (Hrsg.): Das neue Praxis-Handbuch für Ärzte, Band 2, Gruppe 3/G 240, Deutscher Ärzte-Verlag Köln, S. 1–28.

Janus, K./Amelung, V. E. (2007): Grenzen und Möglichkeiten eines „mehr oder weniger" wettbewerblichen Systems – das amerikanische Gesundheitswesen auf dem Prüfstand, in: Hellmann, W. (Hrsg.): Handbuch integrierte Versorgung, 9. Aktualisierung 02/2007, Economica Bonn, S. 1–29.

Krahe, S. (2005): Ärztliche Kooperationsformen in den USA und Deutschland, Medizinrecht Heft 12 2005, 691–696.

Kühn, H. (1997): Managed Care, Discussion Paper Wissenschaftszentrum, Berlin.

Lehmann, H. (2003): Managed Care. Kosten senken mit alternativen Versicherungsformen? Rüegger, Zürich.

Oberender, P./Zerth J. (2006): Wachstumsmarkt Gesundheit – Ansatzpunkte für ein modernes Gesundheitswesen, Urologe 45: 8/2006, 922–927.

Porter, M./Teisberg, E. (2006): Redefining Health Care – Creating Value-Based Competition on Results, Harvard Business School Press.

Reinhardt, U. (1999): The Predictable Managed Care Kvetch on the Rocky road from Adolescence to Adulthood, Journal of Health Politics, Policy and Law, Special Issue: Managed Care backlash, Vol. 24, Number 24, Oct., S. 898–910.

Robinson, J. C. (1998): Financial Capital and Intellectual Capital in Physician Practice Management, in: Health Affairs, July/August, S. 53–74.

Robinson, J. C. (1999): The Corporate Practice of Medicine, University of California Press, Berkeley.

Robinson, J. C./Steiner, A. (1998): Managed Health Care US Evidence and Lessons for the National Health Service, Open University Press, Buckingham.

Rosenbrock, R./Gerlinger, Th. (2004): Gesundheitspolitik. Eine systematische Einführung, Bern.

Sachverständigenrat für die konzertierte Aktion im Gesundheitswesen (SVRKAiG) (2003): Finanzierung, Nutzerorientierung und Qualität, Gutachten 2003, Bonn.

Schlette, S./Knieps, F./Amelung, V. E. (Hrsg.) (2005): Versorgungsmanagement für chronisch Kranke, Kompart.

Straub, C. (2007): Medizinische Zentren – Anforderungen aus Sicht der GKV, ZaeFQ Vol. 101 2007, 147–152.

Vera, A. (2006): Strategische Allianzen im deutschen Krankenhauswesen – Ein empirischer Vergleich von horizontalen und vertikalen Kooperation, Zeitschrift für Betriebswirtschaft, 9/2006, 835–865.

Von Schwanenflügel, M. (2006): Moderne Versorgungsformen im Gesundheitswesen – Förderung von Qualität und Effizienz, Neue Zeitschrift für Sozialrecht 6/2006, 285–291.

Weatherly, J. N./Seiler, R./Meyer-Lutterloh, K./Schmid, E./Lägel, R./ Amelung, V. E. (2007): Leuchtturmprojekte Integrierter Versorgung und Medizinischer Versorgungszentren – Innovative Modelle der Praxis, Medizinisch Wissenschaftliche Verlagsgesellschaft.

Wendt, C. (2006): Der Gesundheitssystemvergleich – Konzepte und Perspektiven, Kölner Zeitschrift für Soziologie und Sozialpsychologie, Sonderheft 46/2006, 270–296.

Williamson, O. (1975): Markets and Hierarchies, Free Press, New York.

Williamson, O. (1985): The Economic Institutions of Capitalism, Free Press, New York.

Die Empfehlungen des Sachverständigenrates zur integrierten Versorgung

Eberhard Wille

1. Die Intensivierung des Wettbewerbs als ordnungspolitischer Ansatzpunkt

Das deutsche Gesundheitswesen und mit ihm die gesetzliche Krankenversicherung (GKV) bieten den Versicherten und Patienten eine nahezu flächendeckende Versorgung, die sich auch im internationalen Vergleich durch ein hohes Qualitätsniveau und eine gute Erreichbarkeit der Leistungen auszeichnet (vgl. Wille, E. 2007a, S. 201f.). Unbeschadet dieser Vorzüge weist das deutsche Gesundheitswesen noch relevante Effizienz- und Effektivitätsreserven in Form von Unter-, Über- und Fehlversorgung auf, die es in normativer Hinsicht zu heben gilt (siehe u. a. Sachverständigenrat für die Konzertierte Aktion im Gesundheitswesen 2002, Band I bis III sowie Addendum). Zu den zentralen Ursachen, die für das noch vorhandene Rationalisierungs- bzw. Verbesserungspotential verantwortlich zeichnen, gehören mangelnde Wettbewerbsintensität und allokative Defizite an den Schnittstellen der Leistungssektoren, wobei zwischen diesen beiden Determinanten enge Wechselwirkungen bestehen.

Der Wettbewerb und seine Intensivierung stellen grundsätzlich, d. h. im Gesundheitswesen wie in anderen Wirtschaftsbereichen, keinen Selbstzweck dar, sondern dienen über eine Verbesserung der Allokation übergeordneten Zielen. Ein funktionsgerechter Wettbewerb strebt im Gesundheitswesen insbesondere die Verwirklichung der folgenden Zielsetzungen an (vgl. Wille, E. 1999, S. 103f. und 2008, S. 5f.):

- Orientierung des Leistungsangebotes an den Präferenzen der Versicherten,
- Erfüllung der Bedürfnisse und Wünsche der Patienten durch Lenkung der Leistungen zum Bedarf,
- effektive Zielerreichung durch Verbesserung der gesundheitlichen Outcomes, d. h. durch Erhöhung von Lebenserwartung und Lebensqualität,
- effiziente Leistungserstellung durch optimale bzw. kostengünstige Produktion,
- Entlohnung nach erbrachter Leistungsqualität durch eine leistungsbezogene Vergütung der Produktionsfaktoren, d. h. der Personal- und Sachleistungen,
- Förderung von Produkt- und Prozessinnovationen, vornehmlich im Zuge von dezentralen Suchprozessen,

- Einräumung eines möglichst weiten Spektrums von Handlungs- und Wahlfreiheiten für alle an der gesundheitlichen Leistungserstellung Beteiligten und von ihr Betroffenen sowie
- Vorbeugung gegen monopolistischen Machtmissbrauch durch staatliche Instanzen, Krankenkassen und Leistungserbringer.

Diese Zielsetzungen deuten bereits an, dass eine normative Bewertung der Effekte des Preiswettbewerbs Qualitätsaspekte nicht ausklammern darf. Der Preiswettbewerb und seine Intensivierung tragen nur dann zur Zielrealisierung bei, wenn die Qualität der jeweiligen Güter und Dienste nicht darunter leidet. Sinkende Preise können Qualitätseinbußen unter Zielaspekten, d. h. u. a. im Sinne der Patientenpräferenzen, nicht kompensieren. Wie auch Umfragen belegen, messen die Versicherten bei Gesundheitsleistungen Qualitätseffekten im Zweifel höhere Bedeutung bei als preislichen Wirkungen. Dem Qualitätswettbewerb kommt daher im Rahmen der medizinischen Behandlung in normativer Hinsicht eine größere Bedeutung zu als dem Preiswettbewerb.

Obwohl der Gesetzgeber in den letzten Jahren vor allem mit dem GKV-Modernisierungsgesetz (GMG) vom 14.11.2003, dem Vertragsarztrechts-änderungsgesetz (VÄndG) vom 22.12.2006 und auch mit einzelnen Regelungen des GKV-Wettbewerbsstärkungsgesetzes (GKV-WSG) vom 26.03.2007 einen verbesserten Rechtsrahmen für wettbewerbliche Prozesse schuf, verbleiben vor dem Hintergrund der obigen Zielsetzungen immer noch insbesondere folgende Schwachstellen (vgl. Wille, E. 2007b, S. 81ff.; Sachverständigenrat zur Begutachtung der Entwicklung im Gesundheitswesen 2007, Ziffer 278):

- Es fehlt an einer hinreichenden Outcomeorientierung der Gesundheits-versorgung, stattdessen dominieren Ressourcen- oder strukturelle Gesichtspunkte, denen unter Zielaspekten nur instrumentale Bedeutung zukommt.
- Um im Sinne eines funktionsfähigen Wettbewerbs als Nachfrager bzw. Nutzer entsprechende Entscheidungen treffen zu können, besitzen die Versicherten und Patienten eine zu geringe Transparenz über die existierenden Versorgungsoptionen und allfällige Leistungsqualitäten. Dieses Informationsdefizit steht einem intensiven Qualitätswettbewerb unter den Leistungserbringern entgegen.
- Die Leistungserbringer können mit speziellen Qualifikationen und Fertigkeiten in zu geringem Maße um die Patienten werben.
- Für einen intensiven Vertragswettbewerb verfügen die Krankenkassen noch nicht über genügend Wettbewerbsparameter (siehe auch Cassel, D. et al. 2006, S. 26ff.).
- Unbeschadet der partiellen Vorzüge von diagnosebezogenen Fallpauschalen bzw. Diagnosis Related Groups (DRGs) im Krankenhausbereich fördern die Vergütungssysteme teilweise, vor allem an den Schnittstellen der

Leistungssektoren, von ihren Anreizen her Unter-, Über- und Fehlversorgung.

• Infolge der dualen Finanzierung, die bei abnehmenden Fördermitteln der Länder zu einer „schleichenden Monistik" tendiert, orientieren sich die Investitionen der Krankenhäuser zu sehr an landespolitischen und zu wenig an betriebswirtschaftlichen Gesichtspunkten. Zudem verzerren die duale Finanzierung und hier vor allem die unterschiedlichen Investitionszuschüsse der jeweiligen Träger sowie der gesetzlich verankerte unterschiedliche Medikamentenbezug den Wettbewerb zwischen den Krankenhäusern und den Vertragsärzten sowie zwischen Krankenhäusern in öffentlicher, gemeinnütziger und privater Trägerschaft.

• Mit dem Fremd- und dem weitgehenden Mehrbesitzverbot erfolgt die Arzneimitteldistribution in Vertriebsstrukturen, die einem funktionsfähigen Wettbewerb entgegenstehen (vgl. Institut für Gesundheits- und Sozialforschung GmbH et al. 2006, S. 432ff.). Ferner diskriminiert die bestehende Preisspannenverordnung die inländischen (Versandhandels-) Apotheken gegenüber den ausländischen Versandhandelsapotheken.

• Im Rahmen der integrierten Versorgung verfolgen trotz einiger „Leuchtturmprojekte" (siehe hierzu die Beiträge in Weatherly, J. N. et al. 2007) die einzelnen Akteure nur in einem geringen Umfange gemeinsame Ziele (vgl. Amelung, V. E. et al. 2006, S. 43). Es mangelt vor allem an einer outcomeorientierten Koordination und Kooperation aller am Prozess gesundheitlicher Leistungserstellung beteiligten Akteure.

Die grundsätzliche instrumentale Zielrichtung einer Intensivierung des Wettbewerbs im deutschen Gesundheitswesen und insbesondere in der GKV illustriert Abb. 1, welche die Anzahl der Wettbewerbsparameter, die Krankenkassen und Leistungserbringern zur Verfügung stehen, mit der jeweiligen Entscheidungsebene verknüpft. Die Intensivierung eines funktionsfähigen Wettbewerbs erfordert zum einen mehr Wettbewerbsparameter für Krankenkassen und Leistungserbringer und zum anderen eine tendenzielle Verlagerung von der Makroebene des gemeinsamen und einheitlichen Handelns bundesweit agierender Spitzenverbände bzw. Organisationen über die Mesoebene korporativer Vereinbarungen hin zu dezentralen Vertragsverhandlungen zwischen einzelnen Krankenkassen und Gruppen von Leistungserbringern.

94

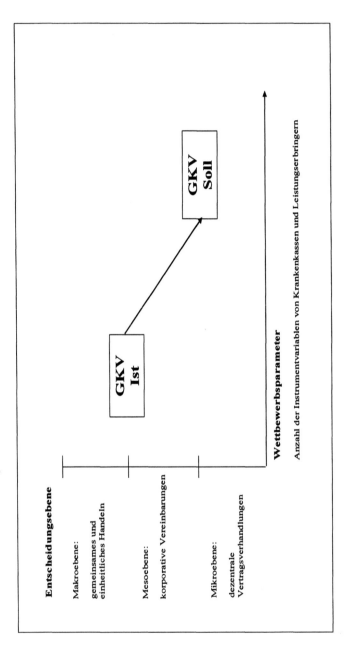

Abb. 1:   Zur Intensivierung des Wettbewerbs im Gesundheitswesen

2. Wettbewerbsfelder im Gesundheitswesen

Im Gesundheitswesen lassen sich, wie Abb. 2 veranschaulicht (vgl. Wille, E. 2008, S. 6f.) grundsätzlich drei Wettbewerbsfelder mit ihren jeweiligen Vertragsebenen und –inhalten unterscheiden. Im ersten Wettbewerbsfeld konkurrieren im Rahmen der Selbstmedikation die Leistungserbringer um die private Nachfrage der Patienten. In diesem Wettbewerbsfeld, das mit einer Einengung des Leistungskataloges der GKV absolut und relativ an Bedeutung gewinnt, offenbaren die Individuen ihre Zahlungsbereitschaft für die jeweiligen Gesundheitsleistungen. Dabei spielen Preis und Qualität der Leistungen eine zentrale Rolle. Der Wettbewerbsordnung fällt daher in diesem Bereich vornehmlich die Aufgabe zu, die Marktbedingungen auf der Ausgabenseite hinsichtlich Unbedenklichkeit und (Mindest-)Qualität der Leistungen zu regulieren und Nachfrager sowie konkurrierende Anbieter vor unerwünschten Konzentrationsprozessen zu schützen.

Im zweiten Wettbewerbsfeld, dem Versicherungsbereich, findet ein Wettbewerb der Krankenkassen um Versicherte statt. Im Sinne einer Steigerung von Effizienz und Effektivität der Gesundheitsversorgung zielt der Wettbewerb der Krankenkassen um Versicherte darauf ab, auf den Leistungsbereich überzugreifen, denn dort findet die gesundheitliche Leistungserstellung statt. Die freie Wahl einer Krankenkasse stellt zwar unter dem Aspekt der Versichertenautonomie einen „Wert an sich" dar (vgl. Jacobs, K. und Reschke, P. 1992, S. 15ff.), eine Verbesserung von Effizienz und Effektivität der Gesundheitsversorgung vermag sie jedoch per se nicht zu realisieren und ohne wettbewerbliche Bedingungen im Leistungsbereich auch nicht auszulösen. Voraussetzung für ein Übergreifen des Wettbewerbs vom Versicherungs- auf den Leistungsbereich, d. h. auf das dritte Wettbewerbsfeld, bildet vor allem ein Wettbewerb der Leistungserbringer um Verträge mit den Krankenkassen (siehe auch Arbeitsgemeinschaft deutscher wirtschaftswissenschaftlicher Forschungsinstitute e.V. 2005, S. 41). Andernfalls beschränkt sich der Wettbewerb der Leistungserbringer, d. h. hier insbesondere im ambulanten und stationären Bereich, auf die Attrahierung von Patienten. Die Leistungserbringer können gegenüber den Krankenkassen mit dem Preis und der Qualität ihrer Güter und Dienste werben. Die Krankenkassen besitzen ihrerseits ein Interesse an spezifischen Verträgen mit besonders preisgünstigen und/oder qualifizierten Leistungsanbietern. Sofern ihnen solche Abschlüsse gelingen und sie ihre komparativen Vorzüge im Leistungsbereich transparent machen können, verbessern sie ihre Chancen im Versicherungsbereich, so dass sich der Kreis zwischen diesen beiden Wettbewerbsfeldern schließt.

96

Abb. 2:   Wettbewerbsfelder im Gesundheitswesen

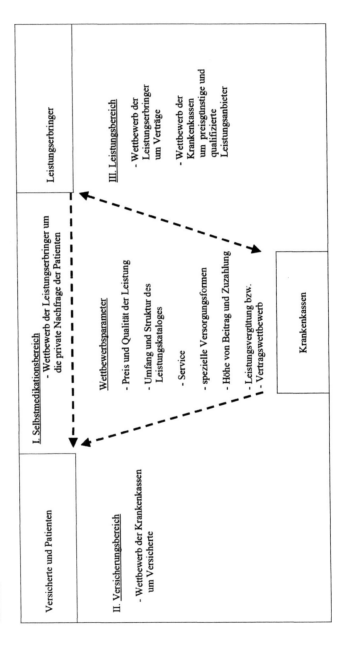

Die bisherigen Überlegungen deuten schon an, dass zwischen einer Intensivierung des Preis- und Qualitätswettbewerbs und dem Solidaritätspostulat, an dem sich die Gesundheitsversorgung in der GKV orientiert, kein grundsätzlicher Gegensatz existiert. Die Intensivierung des Wettbewerbs auf der Grundlage einer funktionsgerechten Rahmenordnung zielt vielmehr darauf ab, dass sich die Aktivitäten von Krankenkassen und Leistungserbringern in effektiver und effizienter Weise am gesundheitlichen Wohl bzw. der Wohlfahrt von Versicherten und Patienten orientieren. Ein fehlender Wettbewerb oder mangelnde Wettbewerbsintensität ließen im Versicherungs- und Leistungsbereich Effektivitäts- und Effizienzpotentiale, die es zum Wohle von Versicherten und Patienten zu schöpfen gilt, ungenutzt. Diese Feststellung schließt nicht aus, dass der Wettbewerb im Gesundheitswesen bei inadäquaten Rahmenbedingungen auch zu allokativen und/oder distributiven Verwerfungen führen kann.

3. Die Entwicklung der integrierten Versorgung in Deutschland

Das Verhältnis zwischen wettbewerblichen und korporativen Steuerungselementen im deutschen Gesundheitswesen folgte in den letzten Jahrzehnten keinem erkennbaren Trend, sondern weist unterschiedliche Tendenzen auf. In Richtung einer Stärkung der korporativen Steuerung wirkten die 1977 einsetzenden Kostendämpfungsmaßnahmen, indem sie die Aufgaben der Krankenkassen verstärkt auf die Landes- und von dieser auf die Bundesebene verlagerten und die Krankenkassen vermehrt zu gemeinsamen und einheitlichen Vertragsverhandlungen mit den Kassenärztlichen Vereinigungen (KVen) verpflichteten (vgl. Falk, W. 2004). Die Erweiterung der Kompetenzen des ehemaligen Bundesausschusses der Ärzte und Krankenkassen stärkte ebenfalls die korporative Steuerung. Diese Steuerungselemente nahmen jedoch am stärksten im stationären Sektor zu, was sich u. a. in der Schaffung des damaligen „Ausschusses Krankenhaus" (§ 137c SGB V) manifestierte. Das 2. GKV-Neuordnungsgesetz (2.GKV-NOG) von 1997 stand sogar unter der Devise „Vorfahrt für die Selbstverwaltung" und strebte damit eine Verlagerung der Entscheidungskompetenzen in der GKV von der staatlichen Makro- auf die korporative Mesoebene an.

Erste integrative Ansätze zur Überwindung der Grenzen zwischen den medizinisch und ökonomisch zuvor abgeschotteten Leistungsbereichen und damit auch zur Implementierung von wettbewerblichen Elemente boten die durch das 2. GKV- Neuordnungsgesetz vom 23.06.1997 eingeführten Strukturverträge und Modellvorhaben. Strukturverträge können aber nach § 73a SGB V nur die KVen mit den Landesverbänden der Krankenkassen und den Verbänden der Ersatzkassen vereinbaren (siehe ausführlich Wille, E. 1999, S.

138ff.). Dies schließt sowohl selektives Kontrahieren zwischen einzelnen Krankenkassen und Gruppen ausgewählter Leistungserbringer auf Mikroebene als auch die Mitwirkung der Krankenhäuser aus. Im Unterschied dazu können bei den Modellvorhaben nach §§ 63-65 SGB V die Krankenkassen und ihre Verbände mit den in der GKV zugelassenen Leistungserbringern oder Gruppen von ihnen Vereinbarungen schließen. Die Modellvorhaben erlauben somit dezentrale Vertragsverhandlungen und auch dreiseitige Verträge zwischen Krankenkassen sowie einzelnen Vertragsärzten und Krankenhäusern. Sie bilden allerdings keinen Bestandteil der Regelversorgung, sondern unterliegen prinzipiell einer Befristung auf maximal 8 Jahre.

Die integrierte Versorgung umfasst als spezielle Organisationsformen inzwischen neben den Strukturverträgen und den Modellvorhaben u. a. bzw. vornehmlich die integrierten Versorgungsformen nach § 140aff. SGB V und die strukturierten Behandlungsprogramme nach § 137f-g. Nachdem die integrierten Versorgungsformen in der ursprünglichen Fassung des GKV-Gesundheitsreformgesetzes 2000 vom 22.12.1999, u. a. wegen ihres überfrachteten Regelwerkes, kaum auf das Interesse potentieller Vertragspartner stießen, schuf das GMG hier einen deutlich besseren Rechtsrahmen für eine sektorübergreifende Versorgung an den Schnittstellen zwischen Krankenhäusern und Vertragsärzten. Die strukturierten Behandlungsprogramme zielen auf eine integrierte Versorgung von Patienten mit spezifischen chronischen Krankheiten ab.

Neben diesen speziellen Organisationsformen integrierter Versorgung[1] besitzen die Krankenhäuser inzwischen vielfältige Möglichkeiten, um an der ambulanten Versorgung teilzunehmen, so z. B. im Rahmen

- der vor- und nachstationären Behandlung im Krankenhaus (§ 115a),
- von ambulant durchführbaren Operationen und sonstigen stationsersetzenden Eingriffen (§ 115b),
- der ambulanten Behandlung bei Unterversorgung (§ 116a),
- von Verträgen über ambulante ärztliche Behandlung bei Teilnahme des Krankenhauses an der Durchführung eines strukturierten Behandlungsprogramms nach § 137g (§ 116b, Abs. 1),
- der ambulanten Erbringung hochspezialisierter Leistungen (§ 116b, Abs. 2)[2],
- von Hochschul- und Institutsambulanzen (§§ 117ff.) sowie

---

[1]   Dies gilt nur nicht für die Strukturverträge, die eine Mitwirkung der Krankenhäuser ausschließen.

[2]   Die Krankenkassen zeigten bisher ein geringes Interesse an diesen Versorgungsverträgen, da sie diese Leistungen zusätzlich zu der Gesamtvergütung, die sie an die KVen abführen, vergüten müssen. Das GKV-WSG berechtigt nun ein Krankenhaus zur Erbringung dieser Leistungen, „wenn und soweit es im Rahmen der Krankenhausplanung des Landes auf Antrag des Krankenhausträgers unter Berücksichtigung der vertragsärztlichen Versorgungssituation dazu bestimmt worden ist".

- von medizinischen Versorgungszentren (MVZ) in der Trägerschaft von Krankenhäusern (§ 95, Abs. 1; siehe hierzu Schulz und Schulte 2006)[3].

Diese Tätigkeitsfelder ermöglichen es den Krankenhäusern, über das Krankenhausbudget bzw. die DRGs hinaus Deckungsbeiträge zu erzielen und ihre medizinisch-technische Ausstattung besser auszulasten. Verglichen mit diesen Optionen der Krankenhäuser, ambulante Leistungen zu erbringen, verfügen die niedergelassenen Ärzte und ihre Verbände über geringere Möglichkeiten, sich an den Schnittstellen zwischen ambulanter und stationärer Versorgung aussichtsreich zu positionieren. Die dreiseitigen Verträge nach § 115, Abs. 1, die „eine nahtlose ambulante und stationäre Behandlung der Versicherten gewährleisten" sollen, schließen die Landesverbände der Krankenkassen und die Verbände der Ersatzkassen gemeinsam und die KVen mit der Landeskrankenhausgesellschaft oder mit den Vereinigungen der Krankenhausträger im Lande. Abgesehen von den speziellen Organisationsformen integrierter Versorgung, die aber mit Ausnahme der Strukturverträge auch den Krankenhäusern offen stehen, beschränken sich die Möglichkeiten der Vertragsärzte und KVen auf:

- die Gründung von Dienstleistungsgesellschaften durch KVen (§ 77a)[4] und
- die Flexibilisierung der Zulassungsordnung für Vertragsärzte (§ 95, Abs. 3 und 9).

Die Gründung von Dienstleistungsgesellschaften ermöglicht es den KVen, die Vertragsärzte beim Abschluss von selektiven Verträgen mit den Krankenkassen gegen Kostenersatz zu beraten und bei der Vertragsabwicklung zu unterstützen. Besondere Beachtung im Rahmen der integrierten Versorgung verdient die durch das GKV-WSG in § 77c neu gefasste besondere ambulante ärztliche Versorgung. Danach können die Krankenkassen alleine oder in Kooperation mit anderen Kassen Verträge u. a. mit Vertragsärzten, Gemeinschaften von ihnen oder KVen schließen, die sowohl populations-bezogen die gesamte ambulante ärztliche Versorgung als auch indikations-bezogen einzelne Bereiche derselben umfassen.

Die Flexibilisierung der Zulassungsordnung für die Vertragsärzte durch das VÄndG sieht u. a. folgende Neuerungen vor:

- Anstellung von Ärzten ohne zahlenmäßige Begrenzung, auch fachgebietsübergreifend[5] und in Teilzeit, im Rahmen der Bedarfsplanung,
- Tätigkeit in Zweigpraxen, auch im Bezirk anderer KVen,

---

[3] Ende März 2008 befanden sich 35,7 % der 1.023 MVZ-Zulassungen in reiner Trägerschaft der Krankenhäuser (vgl. Kassenärztliche Bundesvereinigung 2008a).

[4] Die Dienstleistungsgesellschaften dürfen Aufgaben gegenüber den Vertragsärzten nur gegen Kostenersatz übernehmen und nicht aus Mitteln der KVen finanzieren.

[5] Die Möglichkeit einer fachgebietsübergreifenden Anstellung besteht allerdings nicht bei Ärzten, die Patienten nur auf Überweisung in Anspruch nehmen können, wie z. B. Pathologen, Laborärzte, Radiologen und Mikrobiologen.

- Tätigkeit in oder Zusammenarbeit mit einem zugelassenen Krankenhaus oder einer Vorsorge- oder Rehabilitationseinrichtung sowie
- Gründung von örtlichen und überörtlichen Berufsausübungsgemeinschaften zwischen allen zur vertragsärztlichen Versorgung zugelassenen Leistungserbringern, auch über die Grenzen von KVen hinweg, zur Erbringung aller oder einzelner Leistungen.

Diese Flexibilisierungen, die noch über die entsprechenden Regelungen in der geltenden Berufsordnung hinausgehen, bieten den niedergelassenen Ärzten die Chance, in Eigenregie leistungsfähige Behandlungsnetze zu bilden, ohne auf MVZ zurückzugreifen. Insbesondere Fach- bzw. Gebietsärzte erhalten damit die Möglichkeit, durch Bildung größerer Einheiten langfristig im Wettbewerb mit den Krankenhäusern bestehen zu können (vgl. Dierks, C. und Hildebrandt, R. 2007, S. 11). Diese ambulanten Versorgungseinheiten bieten auch Vorzüge für Berufsanfänger, die den Investitionsaufwand bei Übernahme einer ärztlichen Praxis scheuen, und für junge Familien, die flexible Arbeitszeitmodelle bevorzugen. Schließlich schlagen diese Regelungen auch eine Brücke zwischen ambulanter und stationärer Versorgung. So können Ärzte sowohl in MVZ als auch an einem Krankenhaus arbeiten.

4.   Managed Care-Elemente in den besonderen Versorgungsformen

Es gibt in der Literatur für den Begriff „Managed Care" keine eindeutige Definition, die diesen Terminus mit Hilfe konstitutiver Elemente klar von den anderen Steuerungselementen abgrenzt. Gleichwohl lässt sich Managed Care hinsichtlich seiner Intention und seiner ordnungspolitischen Konzeption instrumental durch folgende zentrale Komponenten kennzeichnen (ähnlich Amelung, V. E. et al. 2006, S. 9ff. und Sachverständigenrat zur Begutachtung der Entwicklung im Gesundheitswesen 2007, Ziffer 285ff.):

- Ein Prinzip klassischer Managed Care-Organisationen in den USA bildet die Integration der beiden Funktionen Leistungserbringung und Versicherung. Eine solche Integration findet bisher in Deutschland mit Ausnahme innerhalb der Bundesknappschaft aufgrund ihrer besonderen Versicherungsform nicht statt (vgl. Müller, H.A. 2007 und Müller, H.A. et al. 2007).
- Verglichen mit der herkömmlichen Versorgung, die sich überwiegend auf Kollektivverträge stützt, erhalten die Krankenkassen im Bereich der Vertrags- und Leistungsgestaltung mehr Wettbewerbsparameter und damit einen größeren Entscheidungsspielraum, der vornehmlich die Versorgungs- und Vergütungsformen einschließlich deren Planung und Kontrolle umfasst.
- Zur Beeinflussung der Leistungserbringung und –inanspruchnahme können die Krankenkassen bei den Leistungserbringern und den Versicherten bzw. Patienten finanzielle Anreize setzen. Hierzu gehören u. a. pauschale Voraus-

vergütungen für die Gesamtheit potentieller Behandlungen (capitation) und Komplexpauschalen für abgegrenzte Leistungsbündel (service bundling im Rahmen von prospective pricing). Diese prospektiven Vergütungsformen verlagern das Morbiditätsrisiko teilweise auf die Leistungserbringer und beteiligen diese damit am ökonomischen Risiko. Zur Steuerung des Patientenverhaltens können u. a. Selbstbehalttarife, Beitragsrückerstattungen, Boni und Ermäßigungen bei Zuzahlungen zum Einsatz kommen.

- Die Krankenkassen schließen selektiv mit Gruppen von ausgewählten Leistungserbringern spezielle Verträge. In diesen vereinbaren sie Vergütungsregelungen und Versorgungsinhalte, wie z. B. Behandlungsleitlinien und Qualitätsstandards, Einholung einer Zweitmeinung bei Krankenhauseinweisungen und Operationen, Mindestzahlen bei stationären Eingriffen, ambulante Notfall- und Pflegedienste, kassenspezifische Positivlisten für Arzneimittel usw.
- Es findet eine sektorübergreifende Kooperation und Koordination zwischen allen am Behandlungsablauf Beteiligten statt. Eine Komplexpauschale kann die gesamte sektorübergreifende Behandlung einschließlich Rehabilitation und Pflege abdecken.
- Es erfolgt sofern erforderlich, eine Steuerung der Patienten zu bestimmten spezialisierten Versorgungseinheiten. Diese Steuerungsfunktion übernimmt meistens, aber nicht notwendigerweise, ein Primärarzt, der als „gatekeeper" fungiert. Die Versicherten bzw. Patienten können auf eine freie Arztwahl verzichten oder auch unter Inkaufnahme finanzieller Abschläge Ärzte konsultieren, die dem integrativen Netz nicht angehören.
- Managed Care-Systeme weisen idealerweise einen indikationsübergreifenden Populationsbezug im regionalen Kontext auf. Managed Care-Elemente können aber auch in indikationsbezogenen Netzen, d. h. im Rahmen der Behandlung einer bestimmten, oft chronischen Krankheit, zum Einsatz kommen.
- Da bei pauschalierten Vergütungsformen tendenziell eher eine Unterversorgung droht, spielt die externe Qualitätssicherung hier eine noch größere Rolle als bei der Einzelleistungsvergütung.
- Bei ambitionierten Managed Care Programmen ergänzen ein Utilization- und ein Outcome-Management die Qualitätssicherung. Utilization Management zielt darauf ab, über eine prospektive, begleitende und retrospektive Beobachtung der Leistungsinanspruchnahme das Versorgungsgeschehen zu kontrollieren und zu gestalten. Outcome Management umfasst die Messung der Prozesse und Ergebnisse, ihre Evaluation und Bewertung einschließlich Benchmarking sowie als Feedback die Rückmeldung dieser Informationen an die Beteiligten.

Tab. 1 gibt einen synoptischen Überblick über die Managed Care-Elemente in den „besonderen Versorgungsformen", die sich jeweils durch ein oder mehrere Element(e) von der „herkömmlichen Versorgung" unterscheiden. Danach umfassen die besonderen Versorgungsformen nach § 53, Abs. 3 SGB V auch die hausarztzentrierte Versorgung nach § 73 b, obgleich diese wegen fehlender fach- und sektorenübergreifender Orientierung als solche nicht zur integrierten Versorgung gehört. Die hausarztzentrierte Versorgung kann aber im Rahmen einiger spezieller Organisationsformen integrierter Versorgung, z. B. bei den integrierten Versorgungsformen nach § 140 a-d, einen zentralen Bestandteil bilden. Mit Ausnahme der hausärztlichen Versorgung besitzen alle besonderen Versorgungsformen eine interdisziplinär fachübergreifende Ausrichtung, aber nur die Modellvorhaben, integrierten Versorgungsformen und strukturierten Behandlungsprogramme eine sektorübergreifende Orientierung. Bei den strukturierten Behandlungsprogrammen und den integrierten Versorgungs-formen setzte der Gesetzgeber zudem spezielle finanzielle Anreize (siehe hierzu unten unter 5. und 6.), weshalb sich diese beiden Varianten der besonderen Versorgungsformen bei den Krankenkassen einer besonderen Attraktivität erfreuen.

Mehrere Versorgungsformen erlauben ein selektives Kontrahieren zwischen einzelnen Krankenkassen und Leistungsbringern auf Mikroebene sowie ex- oder implizit eine Vergütung durch Capitation. Die Gesetzeslage erlaubt somit bei vier Versorgungsformen selektives Kontrahieren ohne Einbezug der KVen, schließt deren Beteiligung als Vertragspartner aber nur im Falle der integrierten Versorgungsformen nach § 140 a-d SGB V aus. Die KVen können sogar im Rahmen der hausarztzentrierten Versorgung als Vertragspartner fungieren, sofern Gemeinschaften der vertragsärztlichen Leistungserbringer sie hierzu ermächtigen[6]. Der Sicherstellungsauftrag kann bei drei Versorgungsformen eine Einschränkung erfahren, was aber wohl erst bei einem signifikanten Anteil an Versicherten und Patienten, die solche Versorgungsformen wählen, Relevanz erlangen dürfte (vgl. Cassel, D. et al. 2006, S. 83 und 92). Zur Regelversorgung gehören alle Versorgungsformen mit Ausnahme der zeitlich befristeten Modellvorhaben. Diese und die strukturierten Behandlungsprogramme schreiben als einzige Versorgungsformen eine obligatorische Evaluation der Projekte durch unabhängige Sachverständige vor.

---

[6] Bisher (April 2008) stellten die KVen bei den meisten hausarztzentrierten Versorgungs-verträgen die Partner der Krankenkassen dar (vgl. Kassenärztliche Bundesvereinigung 2008 b, S. 4).

Tab. 1: Managed Care-Elemente in den besonderen Versorgungsformen

Versorgungsformen / Elemente	herkömmliche Versorgung SGB V	Strukturverträge § 73a	Modellvorhaben §§ 63 - 65	hausarztzentrierte Versorgung § 73b	besondere ambulante Versorgung § 73c	integrierte Versorgungs-formen § 140a - d	strukturierte Behandlungsprogramme § 137f - g
Freiwilligkeit des Angebotes		X	X		X	X	X
interdisziplinär fach-übergreifend angelegt		X	X		X	X	X
sektorübergreifende Orientierung			X			X	X
selektives Kontrahieren möglich			X	X	X	X	
Kollektivverträge möglich	X	X	X	(X)[1]	X	X	X
eingeschränkter Sicherstellungsauftrag				X	X	X	
besondere finanzielle Anreize			X			X	X
verpflichtende Evaluation			X				X
zeitliche Befristung			X				X
Capitation		X	X	(X)[2]	(X)[2]	X	

[1] Sofern Gemeinschaften der vertragsärztlichen Leistungserbringer die Kassenärztlichen Vereinigungen hierzu ermächtigen.
[2] Nicht eindeutig im Gesetz geregelt.

Neben diesen Managed Care-Elementen in den besonderen Versorgungs-formen eröffnen die folgenden Wahltarife nach § 53 SGB V den Krankenkassen im Wettbewerb miteinander und teilweise auch mit der privaten Kranken-versicherung neue Optionen (vgl. Giesen, R. 2008, S. 30):

- Selbstbehalt mit Prämienzahlung durch Krankenkasse (Abs. 1)
- Bei Nicht-Inanspruchnahme von Leistungen im Kalenderjahr Prämienzahlung durch Krankenkassen, jedoch nicht mehr als ein Zwölftel der Beiträge (Abs. 2)
- Obligatorisches Angebot von Tarifen bei Teilnahme an besonderen Versorgungsformen mit der Möglichkeit von Prämienzahlung oder Zuzahlungsermäßigungen (Abs. 3)
- Tarife mit variabler Kostenerstattung und speziellen Prämienzahlungen der Versicherten (Abs. 4)
- Übernahme der Kosten für Arzneimittel der besonderen Therapierichtungen gegen spezielle Prämienzahlungen der Versicherten (Abs. 5)
- Obligatorisches Angebot von Tarifen mit Krankengeldvariationen (Abs. 6)
- Bei Leistungsbeschränkungen Tarife mit entsprechenden Prämienzahlungen (Abs. 7).

Dabei beträgt die Mindestbindungsfrist für diese Tarife drei Jahre mit Ausnahme der obligatorischen Angebote im Rahmen der besonderen Versorgungsformen (Abs. 3) sowie einem Sonderkündigungsrecht in Härtefällen. Diese Mindestbindungsfrist macht die Wahltarife vor allem für jene Krankenkassen attraktiv, die ab 2009 im Rahmen des Gesundheitsfonds mit der Erhebung eines Zusatzbeitrages rechnen müssen. Nach einer Umfrage kommt den Wahltarifen für die Krankenkasse in erster Linie eine strategische Bedeutung zu (vgl. Ulrich, U. und Wille, E. 2008, S. 24 ff.). Die Krankenkassen bevorzugen in diesem Kontext Tarife für die Teilnahme an Chroniker- bzw. strukturierten Behandlungsprogrammen und an integrierten Versorgungsformen sowie für Selbstbehalte und weniger für die hausarztzentrierte Versorgung. Die Finanzierung eines jeden Wahltarifes muss nach Abs. 9 aus Einnahmen, Einsparungen und Effizienzsteigerungen erfolgen, wobei den Krankenkassen mindestens alle drei Jahre eine entsprechende Rechenschaft gegenüber der zuständigen Aufsichtsbehörde obliegt.

Wie Tab. 1 bereits andeutet, schließt Managed Care die Varianten Disease-, Case- und Demand-Management ein. Für den Begriff „Disease Management" existiert zwar bisher in der Literatur keine eindeutige Definition, diese Variante lässt sich jedoch – vor allem mit Bezug zur GKV – als ein integrierter Behandlungsansatz charakterisieren, der die Versorgung einer bestimmten Patientengruppe über den gesamten Verlauf der Erkrankung sektorübergreifend koordiniert und steuert (vgl. Wiechmann, M. 2003, S. 62). Disease Management bezieht sich auf Patientengruppen mit gleichartigen, zumeist chronischen Erkrankungen. Im Unterschied dazu konzentriert sich „Case Management" auf einzelne, komplizierte und in der Regel kostenintensive Krankheitsfälle (vgl. Lehmann, H. 2003, S. 39). Case Management kann auch im Rahmen von Disease Management zum Einsatz kommen und sich dort z. B. auf die sektorübergreifende Versorgung einer Gruppe von schwerkranken, multimorbiden Patienten erstrecken. Die Risikostratifizierung basiert dabei in erster Linie auf medizinischen Parametern, wie Schweregrad der Krankheit und Komorbiditäten, sie kann darüber hinaus aber auch soziale Elemente, wie die Persönlichkeitsstruktur und das Bildungsniveau der Patienten, mit einbeziehen (vgl. Lüdtke-Handjiery, M. 2007, S. 183). Von diesen sozialen Faktoren hängt u. a. die Compliance der Patienten ab, die gerade bei chronischen Krankheiten den Behandlungserfolg in einem relevanten Maße mitbestimmt.

Im Rahmen des „Demand Management" versuchen die Krankenkassen bzw. -versicherungen, durch spezielle Beratungen die Nachfrage der Versicherten und Patienten nach Gesundheitsleistungen zu beeinflussen bzw. zu steuern. Sie bedienen sich hierzu u. a. kassengetragener Callcenter, die den Patienten für Informationszwecke bzw. im Bedarfsfalle kostenfrei zur Verfügung stehen (vgl. Sachverständigenrat für die Konzertierte Aktion im Gesundheitswesen 2003, Ziffer 299ff.). Eine strikte Variante von Managed Care verpflichtet die Versicherten bzw. Patienten von Notfällen abgesehen dazu, vor der Konsultation eines Leistungserbringers zuerst den Demand Manager, der sich auch in einem Callcenter befinden kann, zu konsultieren. Dieser prüft dann, ob eine Behandlungsnotwendigkeit vorliegt und welche Versorgungsebene, d. h. Selbstmedikation, Haus-, Facharzt oder stationäre Versorgung, sich zweckmäßigerweise anbietet. Demand Management kann auf diese Weise zum Abbau bzw. zur Vermeidung von Unter-, Über- und Fehlversorgung beitragen. Im weiteren Sinne ließe sich unter Demand Management auch die Gewährung von Boni, Zuzahlungsermäßigungen und Beitragsreduktionen, d. h. die Wahltarife nach § 53 SGB V, subsumieren. Hierbei handelt es sich dann allerdings um eine indirekte und eher unspezifische Beeinflussung der Nachfrage von Versicherten bzw. Patienten.

5. Die strukturierten Behandlungsprogramme als ein Instrument integrierter Versorgung

Auf den integrativen Versorgungsbezug der strukturierten Behandlungs- bzw. Disease Management-Programme (DPM) weisen bereits die gesetzlichen Bestimmungen des § 137f, Abs. 1 SGB V hin. Danach bildet ein „sektorübergreifender Behandlungsbedarf" eines der Kriterien bei der Auswahl der vom Gemeinsamen Bundesausschuss (GEMBA) zu empfehlenden chronischen Krankheiten[7]. Die Versicherten bzw. Patienten nehmen freiwillig an den DMP teil. Die Krankenkassen besitzen starke Anreize, alle Patienten, die den medizinischen Auffangkriterien genügen, zu einer Einschreibung in ein DMP zu veranlassen. Infolge der Anbindung der DMP an den Risikostrukturausgleich (RSA) erhalten die Krankenkassen für die eingeschriebenen Patienten alters- und geschlechtsbezogen in der Regel deutlich höhere Zahlungen als für die jeweiligen übrigen Versicherten und Patienten.

Tab. 2 verdeutlicht die finanzielle Bedeutung einer Einschreibung von Versicherten bzw. Patienten in ein DMP für die betreffende Krankenkasse. Ihr fließen aus dem RSA für eine 30 bzw. 50 oder 70jährige Patientin, die zwar an Diabetes Mellitus Typ 2 leidet, aber nicht an einem DMP teilnimmt, wie für alle anderen weiblichen Versicherten gleichen Alters im Durchschnitt jährlich (2005) 1.418 € bzw. 1.587 € oder 2.839 € zu. Im Falle einer Einschreibung dieser Patientinnen in ein DMP betragen die entsprechenden Zuweisungen an die Krankenkasse aus dem RSA 2.920 € bzw. 3.473 € oder 4.250 €, d. h. sie erhöhen sich auf 205,8 % bzw. 214,4 % oder 143,8 % (siehe Tab. 3)[8]. Diese Unterschiede, die auf eine Einschreibung in ein DMP zurückgehen, fallen bei Brustkrebs noch deutlicher aus, denn bei dieser Krankheit steigen die entsprechenden Beträge auf 683,3 % bzw. auf 472,1 % oder auf 198,8 %. Die durchschnittlichen Steigerungen über alle Versicherten bzw. Patienten belaufen sich bei Diabetes Typ 2 auf 150 %, bei koronarer Herzkrankheit auf 152 % und bei Brustkrebs auf 276 %. Da mit einer steigenden Zahl von DMP-Patienten die Zahlungen für die übrigen Versicherten und Patienten bei gegebenem Finanzierungsvolumen abnehmen, vermindern sich, wie Tab. 2 ausweist, die Zuweisungen für eine 50 oder 70jährige Versicherte bzw. Patientin durch die Anbindung der DMP an den RSA von 1.620 € auf 1.587 € oder von 2.956 € auf 2.839 €.

Diese erhebliche fiskalische Bedeutung einer Teilnahme von Versicherten bzw. Patienten an DMP verdeutlicht, dass die Krankenkassen hinsichtlich der Einschreibequoten ihrer Chroniker in einem intensiven Wettbewerb stehen. Da Krankenkassen und Leistungserbringer ein gleichgerichtetes Interesse an der Teilnahme von möglichst vielen Patienten besitzen, bestehen hinsichtlich der Einstufung in DMP und eines potentiellen Ausschlusses von Patienten nahe liegende Manipulationsgefahren (zu weiteren Nachteilen der Anbindung der DMP an den RSA siehe Sachverständigenrat zur Begutachtung der Entwicklung im Gesundheitswesen 2007, Ziffer 318ff.).

---

[7]   Diese Indikationen umfassen Diabetes Mellitus Typ 1 und Typ 2, Brustkrebs, koronare Herzkrankheit, Asthma sowie chronisch-obstruktive Lungenerkrankung (COPD).

[8]   Referenzsituation bilden jeweils die Zahlungen ohne Anbindung der DMP an den RSA.

Tab. 2: Beitragsbedarfe durch Anbindung der DMP an den RSA in Euro pro Jahr (2005)

Programm / Alter und Geschlecht		ohne Einschreibung in DMP	Diabetes Typ II	Koronare Herzkrank- heiten	Brustkrebs	Mittelwert
30	F	1.418	2.920	3.451	9.695	1.419
	M	737	2.462	3.746		737
50	F	1.587	3.473	4.350	7.647	1.620
	M	1.559	3.539	4.153		1.600
70	F	2.839	4.250	4.418	5.878	2.956
	M	3.306	4.715	4.238		3.441
Ø	F	1.796	4.334	4.358	6.650	1.858
	M	1.594	4.530	4.527		1.669
	Z	1.702	4.427	4.463	6.650	1.769

Quelle: Sachverständigenrat zur Begutachtung der Entwicklung im Gesundheitswesen 2007, Ziffer 318

Tab. 3:   Prozentuale Veränderung der Beitragsbedarfe durch Anbindung der DMP an den RSA (2005)

Programm / Alter und Geschlecht		ohne Einschreibung in DMP	Diabetes Typ II	Koronare Herzkrank-heiten	Brustkrebs	Mittelwert
30	F	99,9%	205,8%	243,2%	683,3%	100%
	M	99,9%	333,9%	508,0%	0,0%	100%
50	F	98,0%	214,4%	268,5%	472,1%	100%
	M	97,4%	221,1%	259,5%	0,0%	100%
70	F	96,0%	143,8%	149,5%	198,8%	100%
	M	96,1%	137,0%	123,2%	0,0%	100%
Ø	F	96,7%	233,3%	234,6%	358,0%	100%
	M	95,5%	271,4%	271,3%	0,0%	100%
	Z	96%	250%	252%	376%	100%

Quelle: Sachverständigenrat zur Begutachtung der Entwicklung im Gesundheitswesen 2007, Ziffer 318

6. Entwicklung und Struktur der integrierten Versorgungsformen

Im Rahmen der integrierten Versorgungsformen können die Krankenkassen mit den Leistungserbringern, zu denen die KVen hier nicht gehören (siehe auch oben unter 3.), nach § 140a, Abs. 1 „Verträge über eine verschiedene Leistungssektoren übergreifende Versorgung der Versicherten oder eine interdisziplinär-fachübergreifende Versorgung" abschließen. Zur Anschubfinanzierung dieser Verträge, die vor allem eine „bevölkerungsbezogene Flächendeckung" der Versorgung ermöglichen sollen, behält jede Krankenkasse in den Jahren 2004 bis 2008 jeweils 1 % der an die KV zu entrichtenden Gesamtvergütung und der Krankenhausvergütung für voll- und teilstationäre Versorgung ein. Überschreiten die Mittel, die in die integrierten Versorgungsformen fließen, die einbehaltenen Beträge, erfolgt eine Bereinigung der Gesamtvergütung entsprechend der Zahl und der Risikostruktur der Versicherten, die an den integrierten Versorgungsformen - wie bei den DMP freiwillig - teilnehmen.

Die Krankenkassen müssen der Bundesgeschäftsstelle Qualitätssicherung (BQS) die Verträge melden, die von der Anschubfinanzierung Gebrauch machen. Wie Abb. 3 veranschaulicht, löste die Verbesserung der rechtlichen Rahmenbedingungen durch das GMG und hier vor allem die Anschubfinanzierung geradezu einen Boom bei den integrierten Versorgungsformen aus. Ihre Zahl stieg schon im ersten Jahr der Anschubfinanzierung von 613 auf 1.913, d. h. auf über das Dreifache, an und lag Ende 2007 bei 5.069 Verträgen. Diese Verträge schließen schätzungsweise ca. 5,62 Mio. Versicherte ein und belaufen sich auf ein Vergütungsvolumen von ca. 766 Mio. €. Abb. 4 deutet darauf hin, dass die 1 %ige Finanzierungsgrenze, ab der eine Bereinigung der sektoralen Gesamtvergütungen bzw. Budgets erfolgt, erst im letzten Quartal 2007 erreicht wurde.

Wie bereits angedeutet, können an den integrierten Versorgungsformen mit Ausnahme der KVen zahlreiche Leistungserbringer sowohl isoliert bzw. innerhalb einer Behandlungsart als auch in sektorübergreifender Kombination teilnehmen. Bei den der BQS gemeldeten Verträgen vereinigten die jeweiligen Kombinationen von Vertragspartnern auf Seiten der Leistungserbringer folgende Anteile auf sich (Stand: 30.06.2007):

- Niedergelassene Ärzte: 26,3 %
- Niedergelassene Ärzte und Krankenhäuser: 19,9 %
- Krankenhäuser: 17,5 %
- Sonstige: 17,0 %
- Rehabilitationseinrichtungen und Krankenhäuser: 12,4 %
- Rehabilitationseinrichtungen und niedergelassene Ärzte: 3,5 %
- Rehabilitationseinrichtungen, niedergelassene Ärzte   3,3 %
  und Krankenhäuser:

110

Abb. 3:   Bei der Bundesgeschäftsstelle Qualitätssicherung gemeldete Verträge zu den integrierten Versorgungsformen

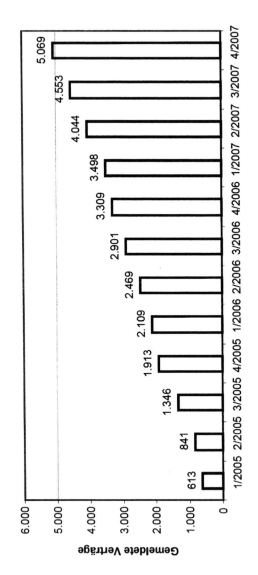

Quelle: BQS Bundesgeschäftsstelle Qualitätssicherung, 2008.

Abb. 4:   Zahl der teilnehmenden Versicherten und jährliches Vergütungsvolumen in den integrierten Versorgungsformen (Schätzwerte)

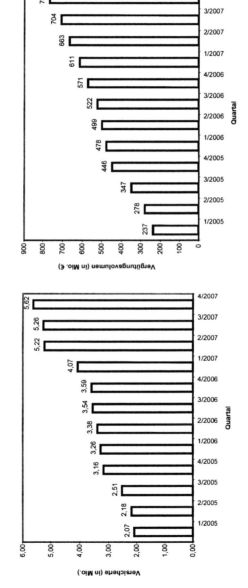

Quelle: BQS Bundesgeschäftsstelle Qualitätssicherung, 2008.

An der Spitze rangieren hier Verträge über integrierte Versorgungsformen, bei denen niedergelassene Ärzte als Partner der Krankenkassen fungieren, während entsprechende Verträge mit Krankenhäusern mit deutlichem Abstand an dritter Stelle folgen. Wie Abb. 5 zeigt, stellte sich diese Reihenfolge aber erst im Jahre 2007 ein. Zuvor lag der Anteil der Krankenhäuser überwiegend deutlich über jenem der niedergelassenen Ärzte. Den Krankenhäusern fiel der Einstieg in die integrierten Versorgungsformen aufgrund ihrer im Durchschnitt ausgebauteren Logistik offensichtlich leichter als den niedergelassenen Ärzten, die ihren Anteil erst mit einer einjährigen Verzögerung spürbar erhöhen konnten.

Tabelle 4, die einen Überblick über die Struktur der Verträge zu den integrierten Versorgungsformen gibt, zeigt, dass im Gegensatz zu der vom Gesetzgeber primär angestrebten „bevölkerungsbezogenen Flächendeckung der Versorgung" (§ 140a, Abs. 1 SGB V) indikationsbezogene Verträge eindeutig dominieren. Unbeschadet der Problematik, bevölkerungs- und indikations-bezogene Versorgungsverträge in einzelnen Fällen eindeutig voneinander abzugrenzen, dürfte der Anteil der Verträge mit einer regionalen Populationsorientierung nicht wesentlich höher als 1 % der gesamten Verträge zu den integrierten Versorgungsformen liegen. Es erscheint schwer vorstellbar, dass Operationen zu den Hüft- und Kniegelenken, die hier an der Spitze rangieren, erhebliche sektoren- oder interdisziplinär-fachübergreifende integrative Versorgungselemente aufweisen und sich damit von dem früheren Procedere in einem relevanten Maße unterscheiden.

7. Voraussetzungen eines funktionsgerechten Wettbewerbs an den Schnittstellen der Leistungssektoren

Trotz der Vielzahl der laufenden Projekte zur integrierten Versorgung, insbesondere im Rahmen der DMP und der besonderen Versorgungsformen, erlaubt die bisher vorhandene Informationsbasis noch keine fundierte Zwischenbilanz, weder zur integrierten Versorgung insgesamt noch zu ihren einzelnen Varianten bzw. speziellen Organisationsformen. Eine der Ursachen für dieses Informationsdefizit besteht darin, dass die meisten speziellen Organisationsformen integrierter Versorgung zur Regelversorgung gehören und daher keine obligatorische Evaluation durch unabhängige Sachverständige vorsehen[9].

---

[9] Bei den bisher auf freiwilliger Basis durchgeführten Evaluationen und vor allem bei den in diesem Kontext publizierten Ergebnissen handelt es sich um eine selektive Auswahl.

113

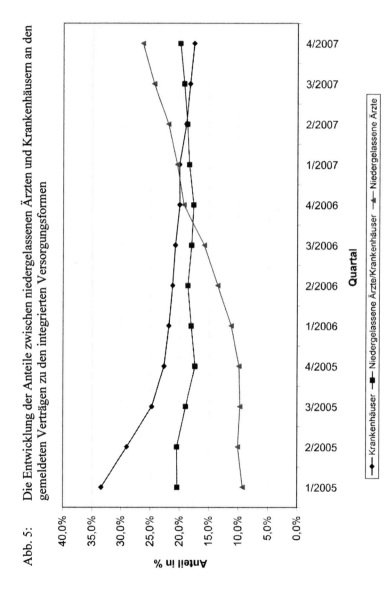

Abb. 5: Die Entwicklung der Anteile zwischen niedergelassenen Ärzten und Krankenhäusern an den gemeldeten Verträgen zu den integrierten Versorgungsformen

Quelle: BQS Bundesgeschäftsstelle Qualitätssicherung, 2008

114

Tab. 4: Struktur der Verträge zu den integrierten Versorgungsformen nach dem Vertragsgegenstand

Vertragsgegenstand	Anzahl*	Anteil
Hüft- und Kniegelenke	577	15,79%
Homöopathie	308	8,43%
ambulante Operationen	285	7,80%
Orthopädie	263	7,20%
Herz- und Kreislauferkrankungen	240	6,57%
Chirurgie	188	5,14%
Psychische Erkrankungen	132	3,61%
Krebserkrankung	128	3,50%
Rückenschmerzen	106	2,90%
Gynäkologie	101	2,76%
Schwangerschaft	100	2,74%
Bandscheiben	89	2,44%
Gefäßerkrankungen	86	2,35%
Muskel- und Skeletterkrankungen	81	2,22%
schmerzlindernde Behandlung	80	2,19%
Hausarztversorgung	72	1,97%
Essstörungen	70	1,92%
HNO	53	1,45%
Augenerkrankungen	52	1,42%
Atemwegserkrankungen	50	1,37%
Rheuma	50	1,37%
Wundmanagement	49	1,34%
Diabetes	43	1,18%
Kopfschmerzen und Migräne	41	1,12%

kurzstationäre Behandlung	40	1,09%
Urologie	39	1,07%
Zahnbehandlung	32	0,88%
Schlaganfall	31	0,85%
Alkohol- und Medikamentenabhängigkeit	27	0,74%
Alzheimer, Parkinson, Multiple Sklerose	27	0,74%
Darmerkrankungen	25	0,68%
Tinnitus	23	0,63%
Osteoporose	21	0,57%
Pflegeheimbewohner	21	0,57%
Arthrose	19	0,52%
Demenzerkrankungen	18	0,49%
Hauterkrankungen	18	0,49%
Psychosomatische Erkrankungen	16	0,44%
Behindertenhilfe	13	0,36%
Palliativmedizin	13	0,36%
fachübergreifende Behandlung	12	0,33%
Arzneimitteltherapie	4	0,11%
Rhea	4	0,11%
Präventivmedizin	3	0,08%
AIDS	2	0,05%
ambulante Hospizbetreuung	2	0,05%
Hormonstörungen	1	0,03%
Summe	**3655**	**100 %**

* Bundeslandübergreifende Verträge wurden für jedes Bundesland gezählt, in dem der Vertrag gilt.

Quelle: Eigene Darstellung auf der Basis von http://www.krankenkassenratgeber.de, Stand: 23.05.2008

Eine solche Verpflichtung besteht nur bei den Modellvorhaben nach § 63-65 und den strukturierten Behandlungsprogrammen nach § 137 f-g SGB V, wobei für letztere momentan noch keine hinreichend repräsentativen bzw. validen Informationen über die Ergebnisse der gesetzlich vorgeschriebenen Evaluationen vorliegen. Zudem können die jeweiligen Beurteilungen unter unterschiedlichen Blickwinkeln sowie mit voneinander abweichenden Kriterien erfolgen (vgl. Weatherly, J. N. et al. 2007, S. 3) und je nach Erwartungshaltung und Benchmarksystem zu divergierenden Schlussfolgerungen gelangen. Trotz dieser Einschränkungen lässt sich festhalten, dass die vielfältigen Projekte integrierter Versorgung, die der ab dem GMG erweiterte Rechtsrahmen auslöste, eine erhebliche Bewegung in die verkrusteten Strukturen des deutschen Gesundheitswesens brachten (vgl. Amelung, V. E. et al. 2006, S. V). Obgleich z. B. ein integriertes Qualitätsmanagement in umfassender Form noch selten zum Einsatz kommt, existieren in vielen Fällen erste Ansätze wie fachbezogene Qualitätszirkel, Qualitätsbeauftragte, Patientenbeirat Befragungen zur Patientenzufriedenheit, Pflicht zu Zertifizierungen sowie generelle Evaluationen (vgl. Voss, H. und Amelung, V. E. 2007, S. 156).

Unbeschadet der zuletzt deutlich verbesserten rechtlichen Rahmenbedingungen besteht an den Schnittstellen der Leistungssektoren hinsichtlich einer effizienten und effektiven Koordination sowie eines funktionsgerechten Wettbewerbs noch spürbarer Handlungsbedarf (siehe Wille, E. 2007b, S. 90ff.):

- Eine sektorenübergreifende Optimierung der Versorgung erfordert an den Schnittstellen der Leistungssektoren einheitliche Leistungsdefinitionen, gleiche (Mindest-)Qualitätsstandards und eine einheitliche Vergütung für gleiche Leistungen.
- Im Sinne eines fairen Wettbewerbs zwischen Krankenhäusern und ambulanten (Fach-)Ärzten bedarf die Genehmigung neuer Behandlungsmethoden einer sektorübergreifenden einheitlichen Ausgestaltung. Die Geltung des Erlaubnisvorbehaltes im ambulanten und des Verbotsvorbehaltes im stationären Sektor entspricht nicht mehr den heutigen Gegebenheiten der gesundheitlichen Leistungserstellung in diesen Bereichen. Größere MVZ und ähnliche ambulante Einheiten verfügen zunehmend über die notwendigen Voraussetzungen, um moderne Behandlungsmethoden ebenso qualifiziert anzuwenden wie Krankenhäuser.
- Gleiche Wettbewerbschancen zwischen den Krankenhäusern sowie zwischen diesen und den Vertragsärzten implizieren die monistische Finanzierung im stationären Sektor. Andernfalls erleiden vor allem die Vertragsärzte, die ihre Investitionen in vollem Umfange selbst finanzieren, an den Schnittstellen wettbewerbliche Nachteile.
- Die DMP stellen unter medizinischen wie ökonomischen Aspekten eine Variante integrierter Versorgung dar. Sie unterscheiden sich von anderen Varianten integrierter Versorgung nur durch ihre finanzielle Anbindung an

den RSA. Diese Verknüpfung von DMP und RSA führte überwiegend statt zu einem Qualitäts- zu einem Einschreibewettbewerb um chronisch Kranke mit erheblichem Dokumentationsaufwand (vgl. Häussler, B. et al. 2005, S. 31). Zudem ver- und behinderte die uniforme Ausgestaltung der DMP dezentrale, wettbewerbliche Suchprozesse nach der jeweils optimalen Behandlungsform. Es gibt daher keine überzeugenden Gründe, die DMP von der übrigen integrierten Versorgung zu trennen und mit anderen finanziellen Anreizmechanismen zu versehen. Diese Problematik erübrigt sich allerdings, wenn der RSA, wie derzeit vorgesehen, eine Ausdifferenzierung bis 80 insbesondere kostenintensive chronische Krankheiten erfährt.

- Die 1 %ige Anschubfinanzierung, die offensichtlich erfolgreiche finanzielle Anreize für die Durchführung von integrierten Versorgungsformen setzte, bildet hinsichtlich der aus den ambulanten und stationären Budgets ausgegliederten Ressourcen keine verursachungsgerechte Bereinigung (vgl. Cassel, D. et al. 2006, S. 69ff.). Diese Lösung erfordert eine Bereinigung der jeweiligen Gesamtvergütungen um jene Beträge, die bei der alternativen jeweiligen Versorgung der Netzversicherten, d. h. im Rahmen des kollektiven Systems, angefallen wären. Die Anschubfinanzierung lässt sich aber als pragmatische Stimulierung der integrierten Versorgung für einen gewissen Zeitraum insofern rechtfertigen, als Projekte integrierter Versorgung zunächst Investitionskosten verursachen, die sich teilweise erst mit erheblicher zeitlicher Verzögerung in Form von Minderausgaben und/oder Outcomeverbesserungen amortisieren. Eine Verlängerung der Anschubfinanzierung, die z. B. bis zum Jahre 2010 reichen könnte, sollte allerdings nicht undifferenziert, sondern in Abhängigkeit von Anforderungskriterien und Erfolgsnachweisen, d. h. unter Qualitäts- und Effizienzaspekten, erfolgen (vgl. Hildebrandt, H., Kolzau, T. und Bischoff-Everding, C. 2008, S. 11 sowie Eikötter, T und Greiner, W. 2008) Dies setzt allerdings eine obligatorische Evaluation jener Projekte voraus, die eine Anschubfinanzierung in Anspruch nehmen möchten[10]. Nach dieser verlängerten Startphase verlangt die Allokationseffizienz dann aber eine spezifische morbiditätsorientierte Bereinigung der Gesamtvergütungen bzw. Budgets.

- Die Regelung des § 73 SGB V zwingt die Krankenkassen, ihren Versicherten eine hausarztzentrierte Versorgung anzubieten, was sowohl mit ordnungspolitischen Vorstellungen als auch im Hinblick auf eine sektorübergreifende Versorgung mit der Integrationsidee konfligiert. Sofern

---

[10] Im Rahmen der integrierten Versorgungsformen erscheint eine Begleitforschung, zumindest bei strittigen oder aufwendigen Projekten, auch insofern angezeigt, als die nicht teilnehmenden Leistungserbringer, die diese Projekte durch die globale Bereinigung der Gesamtvergütungen mitfinanzieren, ein berechtigtes Interesse an einer evaluierten Mittelverwendung besitzen (vgl. Weatherly, J. N. et al. 2007, S. 25f.).

die hausarztzentrierte Versorgung gegenüber allfälligen Alternativen unter Qualitäts- und Kostenaspekten oder im Urteil der Versicherten und Patienten komparative Vorteile aufweist, besitzen die Krankenkassen ein hinreichendes (Eigen-)Interesse, diese Versorgungsform anzubieten. Es besteht insofern keine Notwendigkeit, das obligatorische Angebot einer von mehreren besonderen Versorgungsformen vorzuschreiben, statt die Auswahl unter den diversen Alternativen dem Wettbewerb als Suchprozess zu überlassen. Dieser Einwand gegen das verpflichtende Angebot einer hausarztzentrierten Versorgung schließt nicht aus, dass die Haus-arztbasierung ein zentrales Element integrierter Versorgungsnetze bilden kann.

- Die Zulassung von Vertragsärzten und Krankenhäusern zur Versorgung von Versicherten bzw. Patienten der GKV gründet sich nicht primär auf Qualitätskriterien, sondern auf zeitpunktbezogene regionale Kapazitätsbe-rechnungen. Dies bedeutet, dass die zu einer bestimmten Zeit zugelassenen Leistungserbringer nicht erwiesenermaßen eine höhere Qualität in der Versorgung aufweisen bzw. garantieren als jene, die hier ausgeschlossen bleiben. Um den Qualitätswettbewerb in der GKV zu fördern, sollten auch jene niedergelassenen Ärzte und Krankenhäuser, die keine Zulassung besitzen, aber die geforderten Qualitätskriterien erfüllen, im Rahmen der integrierten Versorgung ihre Leistungen in der GKV anbieten, d. h. mit den Krankenkassen Einzelverträge schließen können (vgl. Sachverständigenrat zur Begutachtung der Entwicklung im Gesundheitswesen 2005, Ziffer 109). Es widerspricht auch dem Effizienz- und Effektivitätspostulat, Leistungs-erbringer von der Versorgung in der GKV auszuschließen, obwohl sie die gewünschten Qualitätskriterien eher bzw. besser erfüllen als jene, die sich mehr oder weniger zufällig im System befinden.
- Die Krankenkassen können zwar schon derzeit nach § 130 a Abs. 8 SGB V Rabattverträge mit pharmazeutischen Unternehmen vereinbaren, diese Regelung reicht aber für einen funktionsfähigen Vertragswettbewerb noch nicht aus (vgl. Institut für Gesundheits- und Sozialforschung GmbH et al. 2006, S. 404ff.; Cassel, D. und Wille, E. 2007). Die Krankenkassen sehen sich nicht in der Lage, den Unternehmen bei Preisnachlässen mit vertretbarem Verwaltungsaufwand und ohne Mithilfe von KVen und/oder Apotheken zusätzliche Umsätze zu garantieren. Die derzeitigen Rabattverträge, die marktbeherrschende Krankenkassenarten mit den (Generika-)Produzenten schließen und teilweise mit Hilfe der KVen – bei entsprechenden finanziellen Anreizen – umsetzen, entsprechen neben ihrer wettbewerbsrechtlichen Problematik nicht dem ordnungspolitischen Leitbild eines Vertragswettbewerbs auf Mikroebene mit selektivem Kontrahieren von einzelnen Krankenkassen und einzelnen Leistungserbringern.

• Im Unterschied zu den Krankenhäusern fehlt ambulanten Versorgungseinheiten und entsprechenden integrierten Netzen die Möglichkeit, mit
pharmazeutischen Unternehmen unmittelbare Preisverhandlungen zu führen.
Ohne eine Suspendierung der Preisspannenverordnung bleiben inländische
(Versandhandels-)Apotheken gegenüber ausländischen Versandhandelsapotheken diskriminiert.

• Die erweiterten Möglichkeiten selektiven Kontrahierens dürften die bereits
vorhandenen Konzentrationsprozesse sowohl bei den Krankenkassen als
auch bei den Leistungserbringern intensivieren. Unter dem Aspekt der
Funktionsfähigkeit eines zielorientierten Vertrags- und Versorgungswett-
bewerbs stellt sich damit die Frage nach der Notwendigkeit bzw.
Anwendung wettbewerbsrechtlicher Normen in der GKV. § 69 SGB V
schloss bisher nach herrschender Meinung die Anwendung der Gesetze
gegen Wettbewerbsbeschränkungen (GWB) und gegen Unlauteren
Wettbewerb (UWG) aus. Das GKV-WSG nahm nun die §§ 19 bis 21 des
GWB in den § 69 auf, wobei diese Regelungen in die Zuständigkeit der
Sozialgerichte fallen. Vor dem Hintergrund der künftigen Entwicklungen im
Bereich von Krankenkassen und Leistungserbringern gilt es zum Schutze
eines funktionsfähigen Wettbewerbs kritisch zu beobachten bzw. zu
hinterfragen, ob diese für die GKV neuen wettbewerblichen Regelungen
ausreichen oder gegebenenfalls einer Erweiterung bedürfen.

8. Ausblick: Vor einem Wettbewerb zwischen selektiven und kollektiven Vertragsformen

Selektive Verträge bilden unter Zielaspekten ähnlich wie der Wettbewerb keinen
Selbstzweck, sondern ein Instrument zur Realisierung allokativer und
distributiver Funktionen. Im Rahmen der integrierten Versorgung kann es
deshalb nicht darum gehen, kollektive Vertragsformen „um jeden Preis" durch
selektive zu ersetzen. Es kommt vielmehr auf die jeweilige komparative
Leistungsfähigkeit dieser breiten konkurrierenden Vertragsformen an. Da beide
Vertragsformen spezifische Vor- und Nachteile aufweisen, belegen auch
allokative Schwachstellen, die in der Vergangenheit bei den Kollektivverträgen
offenkundig auftraten, noch nicht die grundsätzliche Überlegenheit einer
selektiven Vertragsgestaltung im Gesundheitswesen. Da die KVen als
Vertragspartner der Kollektivverträge fungieren, steht ihre Existenzberechtigung
bei zielorientierter Betrachtung auch nur dann zur Diskussion, wenn andere
Akteure oder Institutionen die den KVen im geltenden System übertragenen
Aufgaben erwiesenermaßen effizienter und effektiver wahrnehmen können.
Der Übergang von kollektiven zu selektiven Vertragsformen verursacht
zunächst mit hoher Wahrscheinlichkeit steigende Transaktionskosten (vgl.

Rebscher H. 2005, S. 9 und Hartweg, H. R. 2007, S. 323ff.). Zudem drohen bei einer Abschaffung der KVen und einem totalen Übergang zu einzelvertraglichen Regelungen in deutlich stärkerem Maße als im kollektivvertraglichen System relevante - vor allem regionale - Differenzen hinsichtlich des Qualitätsniveaus der medizinischen Versorgung. Zur Sicherstellung einer flächendeckenden Versorgung auf einem hohen (Mindest-)Niveau bedarf es dann intensiverer externer Kontrollen. Da kleinere und selbst mittelgroße Krankenkassen den Sicherstellungsauftrag im Rahmen des Sachleistungsprinzips nicht mit vertretbarem Aufwand wahrnehmen können, dürften sie sich, z. B. auf Landesebene, zu größeren Gemeinschaften zusammenschließen. Sofern sie dann mit ähnlich umfangreichen Ärzteverbänden verhandeln, stehen sich wieder kollektive Einheiten gegenüber, die jetzt nur auf einzelvertraglicher Grundlage miteinander verhandeln. In diesem Kontext gilt es noch zu berücksichtigen, dass die Auflösung der KVen höchstwahrscheinlich eine Stärkung bestehender und eine Gründung neuer ärztlicher Verbände privaten Rechts induzieren dürfte. Die dann zwischen den Vertragspartnern ablaufenden Wettbewerbsprozesse können vor allem in regionaler Hinsicht in enge Oligopole einmünden In schwächer besiedelten Gebieten reicht u. U. bereits ein Zusammenschluss von einigen wenigen (Gebiets-)Ärzten aus, um eine Monopolstellung zu erreichen und diese dann auch bei Vergütungsverhandlungen auszunutzen. Um hier Monopoli-sierungen auf der Angebots- und Nachfrageseite vorzubeugen, bedarf es einer uneingeschränkten Geltung des Wettbewerbs- und Vergaberechtes mit Zuständigkeit der Zivilgerichte.

Eine umfassende oder gar abschließende Beurteilung der Leistungsfähigkeit der selektiven Vertragsgestaltung im Vergleich zur kollektiven sieht sich u. a. mit dem Problem konfrontiert, dass es hierzu bisher weder für Deutschland noch international eine belastbare empirische Informationsbasis gibt. Allokative Aspekte, insbesondere solche der Innovationsfähigkeit und Qualitätssteigerung, sprechen gleichwohl dafür, die kollektive Vertragsgestaltung um Elemente der selektiven zu ergänzen. Dezentrale Wettbewerbsprozesse können sich auch in einem kollektiven Rahmen entfalten. So besitzen die KVen und Kammern schon heute die Möglichkeit, mit Hilfe von (Mindest-)Qualitätsstandards, obligatorischen Zertifizierungen und ergebnisorientierten Vergütungen einen Quali-tätswett-bewerb unter ihren Mitgliedern auszulösen. Es geht hier auch darum, die komparativen Vorzüge der kollektiven Vertragsgestaltung zu erhalten, gleichzeitig aber über eine stärkere Gewichtung dezentraler Wettbewerbs-prozesse zu vermeiden, dass die immanenten Schwächen des Korporativismus effizienz- und qualitätssteigernde Prozesse be- oder verhindern.

Um dezentrale Wettbewerbsprozesse und kollektive Vertragsgestaltung in ein Gesundheitssystem zu integrieren, besitzen die Krankenkassen die Möglichkeit, mit ausgewählten Leistungserbringern selektive Verträge abzuschließen. Diese können gegenüber den Kollektivverträgen u. a. andere Versorgungsformen, höhere Qualitätsstandards oder abweichende Vergütungs-formen beinhalten. Dies bietet effizienten und überdurchschnittlich qualifizierten Leistungs-anbietern die Chance, für sie passende bzw. günstige Verträge auszuhandeln. Den Leistungsanbietern steht es frei, sich nicht an diesen selektiven Verträgen zu beteiligen und nur im kollektiven Rahmen ihre Leistungen anzubieten. Sofern sich die selektiven Vertragsformen allerdings als erfolgreich bzw. gewinnbringend erweisen, dürfte das Verharren im kollektivvertraglichen System für die Ärzte und Krankenhäuser mit Einkommenseinbußen einhergehen. Die im Zuge von selektiven Verträgen gebildeten Versorgungsnetze konkurrieren dann nicht nur untereinander, sondern auch mit dem kollektivvertraglichen System. Der Wettbewerb zwischen selektiver und kollektiver Vertragsgestaltung entscheidet dann über das zukünftige Verhältnis von dezentralen und korporativen Steuerungselementen. Dieser Wettbewerb führte bereits in den letzten Jahren zu einer spürbar gestiegenen Reformbereitschaft der KVen (siehe Köhler, A. 2008), so dass das zukünftige Verhältnis zwischen kollektiven und selektiven Vertragsformen aus heutiger Sicht offen bleibt.

Literatur:

Amelung, V. E., Meyer-Lutterloh, K., Schmid, E., Seiler, R. und Weatherly, J. N. (2006), Integrierte Versorgung und Medizinische Versorgungszentren. Von der Idee zur Umsetzung, Berlin.

Arbeitsgemeinschaft deutscher wirtschaftswissenschaftlicher Forschungs-institute e.V. (2005): Gemeinschaftsdiagnose, Die Lage der Weltwirtschaft und der deutschen Wirtschaft im Herbst 2005, in: ifo Schnelldienst, 58. Jg., 28.10.2005.

Cassel, D., Ebsen, I., Greß, S., Jacobs, K., Schulze, S. und Wasem, J. (2006), Weiterentwicklung des Vertragswettbewerbs in der gesetzlichen Krankenversicherung. Vorschläge für kurzfristig umsetzbare Reformschritte. Gutachten im Auftrag des AOK-Bundesverbandes. Juli 2006.

Cassel, D. und Wille, E. (2007), Für mehr Markt und Wettbewerb in der GKV – Arzneimittelversorgung, in: Gesundheit und Gesellschaft Wissenschaft, 7. Jg., Heft 1, S. 23-30.

Dierks, C. und Hildebrandt, R. (2007), Neue Freiheiten für Vertragsärzte, in: IMPLICONplus, 2/2007.

Eikötter, T. und Greiner, W. (2008), Instrumente zur Messung der Versorgungs-qualität in der integrierten Versorgung, in: Gesundheitsökonomie & Qualitätsmanagement, 13. Jg., 01/2008, S. 25-31.

Falk, W. (2004): Renaissance der Selbstverwaltung im GKV-Gesundheits-modernisierungsgesetz? Die Krankenversicherung, 56. Jg., Nr. 2 S. 31-36.

Giesen, R. (2008), Wahltarife - rechtliche Rahmenbedingungen, in: Die BKK, 96. Jg., 01/2008, S. 24-30.

Häussler, B., Wille, E., Wasem, J. und Storz, P. (2005), Diabetiker im Disease Management. Erste Erkenntnisse über die Wirkung der Disease Management Programme, in: Gesundheits- und Sozialpolitik, 59. Jg., 9/10 2005, S. 23-33.

Hartweg, H.-R. (2007), Eine evolutions- und transaktionskostenökonomischer Beitrag zu den Entwicklungspotentialen der integrierten Versorgung in der Gesetzlichen Krankenversicherung, in: ZögU-Zeitschrift für öffentliche und gemeinwirtschaftliche Unternehmen, 30. Jg., 3/2007, S. 317-331.

Hildebrandt, H., Kolzau, T. und Bischoff-Everding, C. (2008), Forschungs- und Entwicklungspflicht als Nachfolger der Anschubfinanzierung Integrierte Versorgung?, in: Recht und Politik im Gesundheitswesen, Bd. 14, Heft 1, S. 11-14.

Institut für Gesundheits- und Sozialforschung GmbH (IGES), Cassel, D., Wille, E. und Wissenschaftliches Institut der AOK (WIdO) (2006), Steuerung der Arzneimittelausgaben und Stärkung des Forschungsstandortes für die pharmazeutische Industrie, Gutachten für das Bundesministerium für Gesundheit, in: Bundesministerium für Gesundheit (Hrsg.), Forschungsbericht 2006 Gesundheitsforschung, Berlin.

Jacobs, K. und Reschke, P. (1992), Freie Wahl der Krankenkasse: Konzeption und Konsequenzen eines geordneten Kassenwettbewerbs, Nomos Verlagsgesellschaft, Baden-Baden.

Kassenärztliche Bundesvereinigung (2008a), Medizinische Versorgungszentren aktuell. 1. Quartal 2008.

Kassenärztliche Bundesvereinigung (2008b), Totgesagte leben länger - und sogar besser, in: KBV-Klartext, April 2008, S. 4 - 5.

Köhler, A. (2008), Wir müssen den Kollektivvertrag sexy gestalten, in: KBV Klartext Ausgabe Januar 2008.

Lehmann, H. (2003), Managed Care. Kosten senken mit alternativen Krankenversicherungsformen? Eine empirische Analyse anhand Schweizer Krankenversicherungsdaten, Zürich/Chur.

Lüdtke-Handjiery, M. (2007), Patientenzentrierte Disease-Management-Programme: Ein Blick über den nationalen Zaun, in: Die Kranken-versicherung, 59 Jg., Nr.7, S.182-184.

Müller, H. A. (2007), Die prosper-Modelle der Knappschaft. Die Erfahrung: IV hat viele Vorteile im Vergleich zur Regelversorgung, in: ku-Sonderheft Integrierte Versorgung, Ausgabe 10, S. 46 - 48.

Müller, H. A., Vössing, C. und Amelung, V. E., (2007), Das Verbundsystem Knappschaft, in: Weatherley, J. N. et al. (Hrsg.), Leuchtturmprojekte Integrierter Versorgung und Medizinische Versorgungszentren, a.a.O., S. 131 - 138.

Rebscher, H. (2005): Perspektiven des solidarischen Gesundheitssystems, in: Gesellschaftspolitische Kommentare, 46. Jg., Nr. 12, S. 6-9.

Sachverständigenrat für die Konzertierte Aktion im Gesundheitswesen (2002), Bedarfsgerechtigkeit und Wirtschaftlichkeit. Gutachten 2000/2001, Bd. I bis III sowie Addendum, Baden-Baden.

Sachverständigenrat für die Konzertierte Aktion im Gesundheitswesen (2003), Finanzierung, Nutzenorientierung und Qualität. Gutachten 2003, Bd. I und II, Baden-Baden.

Sachverständigenrat zur Begutachtung der Entwicklung im Gesundheitswesen (2005), Koordination und Qualität im Gesundheitswesen. Stuttgart 2005.

Sachverständigenrat zur Begutachtung der Entwicklung im Gesundheitswesen (2007), Kooperation und Verantwortung. Voraussetzungen einer zielorientierten Gesundheitsversorgung. Gutachten 2007.

Schulz, C. und Schulte, H. (2006), Medizinische Versorgungszentren - Zukunftsweisende Versorgungsform, in: Recht und Politik im Gesundheitswesen, Bd. 12, Heft 4, S. 97-108.

Ulrich, V. und Wille, E. im Auftrag von Accenture (2008), Fokus Krankenversicherungsmarkt. Herausforderungen der jüngsten Gesundheitsreform, Kronberg.

Voss, H. und Amelug, V. E. (2007), Capitation umsetzen. U60M Unternehmen Gesundheit Oberpfalz Mitte, in: J. N. et al. (Hrsg.), Leuchtturmprojekte Integrierter Versorgung und Medizinische Versorgungszentren, a.a.O., S. 151-162.

Weatherly, J. N., Seiler, R. Meyer-Lutterloh, K., Schmid, E., Lägel, R. und Amelung, V. E. (2007), Leuchtturmprojekte Integrierter Versorgung und Medizinischer Versorgungszentren. Innovative Modelle der Praxis, Berlin.

Wiechmann, M. (2003), Managed Care: Grundlagen, internationale Erfahrungen und Umsetzung im deutschen Gesundheitswesen, Wiesbaden.

Wille, E. (1999), Auswirkungen des Wettbewerbs auf die gesetzliche Krankenversicherung, in: Wille E. (Hrsg.), Zur Rolle des Wettbewerbs in der gesetzlichen Krankenversicherung. Gesundheitsversorgung zwischen staatlicher Administration, korporativer Koordination und marktwirtschaftlicher Steuerung, Baden-Baden, S. 95-156.

Wille, E. (2007a), Integrierte Versorgung als Instrument zur Verbesserung von Effizienz und Effektivität des deutschen Gesundheitswesens, in: Bräunig, D. und Greiling, D. (Hrsg.), Stand und Perspektiven der Öffentlichen Betriebswirtschaftslehre II. Festschrift für Prof. Dr. Dr. h.c. mult. Peter Eichhorn, Baden-Baden, S. 201-211.

Wille, E. (2007b), Die integrierte Versorgung: Stand und Entwicklungsperspektiven, in: Oberender, P. und Straub, C. (Hrsg.), Auf der Suche nach der besten Lösung. Festschrift zum 60. Geburtstag von Norbert Klusen, Baden-Baden, S. 81-94.

Wille, E. (2008), Korporativismus und Wettbewerb im deutschen Gesundheitssystem, in: Consilium der Bundeszahnärztekammer (Hrsg.), Gesundheitswesen zwischen Wettbewerb und Regulierung, Berlin et al., S. 1-12.

Ziele der AOK Baden-Württemberg im Rahmen der integrierten Versorgung

Christopher Hermann

1. Strukturaufbau statt Füllhorn

Die integrierte Versorgung (IV) hat in den letzten Jahren einen enormen, vor nicht allzu langer Zeit von den wenigsten erwarteten Aufschwung genommen. Nachdem der „1. Aufschlag" des Gesetzgebers im GKV-Gesundheitsreformgesetz 2000 sowohl am hinhaltenden Widerstand der unbeirrt nach eingeübtem korporatistischen Muster handelnden wesentlichen Systemakteure als auch dem bürokratisch aufgeladenen Normgeflecht selbst weithin gescheitert war (Knieps 2006 a: 366 f.; Richard 2001; Plassmann 2003), haben die drastisch abgespeckten Regelungen zur IV (§§ 140 a-d SGB V) nach dem GKV-Modernisierungsgesetz ab 2004 (Knieps 2006 a: 368 ff. u. 2006 b) geradezu einen Boom an IV-Verträgen ausgelöst. Zudem wurde der Zeitraum für die zunächst auf die Jahre 2004 bis 2006 befristete sogenannte Anschubfinanzierung, in dem die Krankenkassen zur Förderung der IV bis zu 1 % der an die Kassenärztlichen Vereinigungen entrichteten Gesamtvergütungen und der Mittel an die Krankenhäuser für voll- und teilstationäre Versorgung zweckgebunden einbehalten durften (§ 140 d Abs. 1 SGB V) mit dem Vertragsarztrechtsänderungsgesetz (VÄndG) Ende 2006 um weitere zwei Jahre bis Ende 2008 verlängert, so dass es zu einer anhaltenden IV-Hausse kommt. Begrenzte Änderungen insbesondere zu den IV-Finanzierungsgrundlagen und der ausdrückliche Hinweis auf die Ermöglichung einer „bevölkerungsbezogenen Flächendeckung" der Versorgung durch IV-Verträge (§ 140 a Abs. 1 Satz 2 SGB V) durch das am 01.04.2007 in Kraft getretene GKV-Wettbewerbsstärkungsgesetz (GKV-WSG; Orlowski/Wasem 2007: 113 ff.; Kaempfe 2007) hatten darauf keinen erkennbaren Einfluss.

Im Herbst 2007 existieren insgesamt über 4000 Integrationsverträge, durch die ein Finanzvolumen von etwa 630 Mio. Euro bewegt wird (Knieps 2007: 17; Rheumawelt 2007). Allerdings wird dabei neben einigen „Leuchtturmprojekten" (Weatherly et al. 2007) in einem ganz erheblichen Umfang auch auf durchaus tradierte Vertragsmuster aufgesetzt, die offensichtlich vor allem wegen der einzelvertraglich vorteilhaften Gestaltung der Anschubfinanzierung auf kompatibel mit dem gesetzlichen IV-Instrumentarium gestylt werden. Erinnert sei etwa an vielfältig abgeschlossene IV-Verträge über Komplexpauschalen bei der Knie- oder Hüftendoprothetik zwischen Krankenkassen, Akut-Krankenhäusern und Rehabilitationseinrichtungen, die kaum mehr erahnen lassen, dass der Gesetzgeber mit der IV namentlich „Gestaltungsmacht, Innovationskraft und

Kreativität der Vertragspartner" anreizen will (GMG-Begründung, Bundestags-Drucksache 15/1525, zu §§ 140 e-h a. F.). Hier läuft offenbar viel „alter Wein in neuen Schläuchen" (Hermann 2005: 129 f.).

Ein solches Vorgehen entsprach allerdings von Beginn an nicht der Philosophie insbesondere der AOK Baden-Württemberg. Die Etablierung von IV-Modellen hat sich stets daran orientiert, mit entsprechenden Projekten Beiträge zu Beförderung einer nachhalten IV-Landschaft im Südwesten der Republik zu leisten (vgl. Abb. 1).

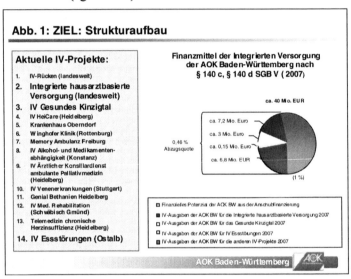

Abb. 1: ZIEL: Strukturaufbau

Aktuelle IV-Projekte:

1. IV-Rücken (landesweit)
2. Integrierte hausarztbasierte Versorgung (landesweit)
3. IV Gesundes Kinzigtal
4. IV HeiCare (Heidelberg)
5. Krankenhaus Oberndorf
6. Winghofer Klinik (Rottenburg)
7. Memory Ambulanz Freiburg
8. IV Alkohol- und Medikamenten-abhängigkeit (Konstanz)
9. IV Ärztlicher Konsiliardienst ambulante Palliativmedizin (Heidelberg)
10. IV Venenerkrankungen (Stuttgart)
11. Genial Bethanien Heidelberg
12. IV Med. Rehabilitation (Schwäbisch Gmünd)
13. Telemedizin chronische Herzinsuffizienz (Heidelberg)
14. IV Essstörungen (Ostalb)

Finanzmittel der Integrierten Versorgung der AOK Baden-Württemberg nach § 140 c, § 140 d SGB V (2007)

ca. 40 Mio. EUR
ca. 7,2 Mio. Euro
ca. 3 Mio. Euro
ca. 0,15 Mio. Euro
ca. 6,8 Mio. EUR
0,46 % Abzugsquote
(1 %)

☐ Finanzielles Potenzial der AOK BW aus der Anschubfinanzierung
■ IV-Ausgaben der AOK BW für die Integrierte hausarztbasierte Versorgung 2007
☐ IV-Ausgaben der AOK BW für das Gesunde Kinzigtal 2007
☐ IV-Ausgaben der AOK BW für IV Essstörungen 2007
▨ IV-Ausgaben der AOK BW für die anderen IV-Projekte 2007

AOK Baden-Württemberg

Aufgesetzt wurden seit Anfang des Jahrzehnts verschiedene Strategieprojekte, die im krassen Gegensatz zu „IV-Light"-Konzepten vor ihrer Marktreife jeweils längere intensive Entwicklungsphasen erforderten und bei denen die AOK Baden-Württemberg ganz bewusst als strukturbildende Versorgerkrankenkasse in Südwestdeutschland dauerhaft eine aktiv mitgestaltenden Rolle wahrnimmt. Ein zentrales Bindeglied der Ansätze bildet dabei ihre Anlage als Vollversorgungsprojekte, da sie ausdrücklich nicht indikationsbezogen aufgesetzt sind.

Sowohl bei den beiden Hausarztmodellen (nach §§ 63 ff. SGB V) im Raum Mannheim und in Südbaden, an denen seit 2003 bzw. 2004 jeweils rund 100 Ärzte und 10.000 Versicherte der AOK Baden-Württemberg beteiligt sind, als auch beim IV-Projekt „Gesundes Kinzigtal", das Ende 2005 startete und die integrierte medizinische Vollversorgung für alle 30.000 Versicherten der AOK Baden-Württemberg (plus 2000 Versicherte der LKK Baden-Württemberg) im Kinzigtal (Schwarzwald) zum Thema hat (Hermann et al. 2006; Seiler 2007), stehen die ganzheitliche Gesundheitsversorgung der Patienten und die Sicherstellung einer möglichst umfassend angelegten intersektoralen Versorgungskette aus einer Hand („Gatekeeper") von der Prävention über ambulante und stationäre Versorgung bis hin zur Rehabilitation im Mittelpunkt. Über die Umsetzung gesundheitsbezogener medizinischer Parameter (gezieltes Qualitätsmanagement, Leitlinienorientierung) hinaus übernehmen die Leistungspartner im Vergleich zur Regelversorgung auch umfänglich ökonomische Verantwortung – einschließlich ihrer Beteiligung an Effizienzgewinnen. In allen Modellen stellt die AOK Baden-Württemberg im Bereich Versorgungsmanagement strategisch (durch die Hauptverwaltung in Stuttgart) wie operativ (durch die jeweilige Bezirksdirektion vor Ort) Projektverantwortliche, die für die enge, kooperative Zusammenarbeit mit den Partnern auf Seiten der Leistungserbringer primär zuständig zeichnen. Zu den landesweit angelegten Flächenverträgen zur integrierten hausarztbasierten Versorgung und dem IV-Projekt „Rücken", das auf Grundlage der DEGAM-Leitlinie „Rückenschmerz" seit 2005 alle an der Versorgung von Rückenleiden medizinisch verantwortlich Beteiligten – Hausärzte, Orthopäden, Psychotherapeuten, stationäre Fachabteilungen – im Land einbezieht, übernimmt der Arztpartnerservice, der von gesondert qualifizierten Mitarbeitern der 14 AOK-Bezirksdirektionen gebildet wird, die Kontaktpflege mit den Leistungspartnern.

Das Vorgehen insbesondere bei den Strategieprojekten Hausarztmodelle und Kinzigtal betritt zwar für deutsche Verhältnisse in weitem Umfang Neuland, ist freilich international keineswegs ohne Vorbild. Impulsgeber sind insoweit vor allem Kaiser Permanente, die größte gemeinnützige Gesundheitsorganisation in den USA mit rund 9 Mio. Versicherten (Crane/Porter 2007), und die Ärztenetze Medix in der Schweiz, die mit weitgehend identischer Zielsetzung einer IV als umfassender Form von Managed Care operieren. Der aus Überzeugung gelebte Anspruch zu einer ausgeprägten Kultur der Zusammenarbeit bildet das Fundament für eine gleichermaßen qualitativ hochstehende wie effiziente Versorgung der Patienten. Abwehrschlachten um den „gläsernen Arzt/Patienten", wie sie unablässig die deutsche Diskussion um Managed Care begleiten, bilden eine weit weniger dominante Thematik. Durch Transparenz, einhellige Strukturen und Qualitätsstandards ist man vielmehr im Stande, Behandlungs- und Betreuungsprozesse der Patienten weitgehend optimal anzupassen. Die Partizipation der Betroffenen spielt dabei eine herausgehobene Rolle. Servicestandards, Fokussierung auf Prävention und chronische Erkrankungen, teamorientiertes Personal bilden neben einer einheitlichen hochentwickelten IT-Infrastruktur wesentliche Erfolgsparameter. Die Bündelung einzelner Versorgungsnetze als „Premium-Marke" für eine qualitativ besonders ausgewiesene gesundheitliche Versorgung, wie sie durch Medix angelegt ist, wird auch durch die AOK Baden-Württemberg verfolgt.

128

2. Zielfeld Nachhaltigkeit

IV-Projekte im hier verstandenen strategischen Sinne setzen wesentlich auf Aspekte gesundheitsbezogen-qualitätsorientierter und ökonomischer Nachhaltigkeit (vgl. Abb. 2).

Abb. 2: ZIEL: Nachhaltigkeit

Qualitative Nachhaltigkeit	Wirtschaftliche Nachhaltigkeit
• Transparenz	• Organisierungsgrad
• chronische Erkrankungen	(Managementkapazitäten)
• Prävention	• Vernetzung / Arbeitsteilung
• Lebensqualität	• Budgetverantwortung
• Know-how-Zugewinn	• selbstragende Projekte
•Outcomes	

AOK Baden-Württemberg

Unter gesundheitsbezogen-qualitativem Blickwinkel bildet der säkulare Wechsel im Krankheitspanorama hin zu den nicht übertragbaren chronischen Krankheiten – verursacht durch sich verändernde Lebenswelten und Lebensstile – eine der größten Herausforderungen unserer Zeit. Wesentliche Ursache für diese Entwicklung bildet das „Zusammenspiel der Partner des tödlichen Quartetts Fehlernährung, Bewegungsmangel, Tabakkonsum und Alkoholabusus" (Schauder 2006: 4.). Nach realistischen Schätzungen leben in Deutschland derzeit etwa je 4 Mio. Menschen mit Diabetes Mellitus Typ II oder einer chronisch obstruktiven Lungenerkrankung, etwa 8 Mio. Menschen mit arterieller Hypertonie und etwa 1 Mio. Menschen leiden an Demenzerkrankungen – mit perspektivisch weiter steigender Prävalenz bei allen angeführten Erkrankungen (Schauder 2006: 4 f.).

Die nachdrückliche Beeinflussung der Inzidenz chronischer Krankheiten und damit insbesondere das Zurückdrängen ihrer fundamentalen Spätfolgen (Apoplex, Herzinfarkt, Schenkelhalsfrakturen, Dialyseabhängigkeit, Amputationen u. a.) bilden damit eine zentrale Stellschraube gesundheitlicher Zukunftssicherung. Die Versorgung chronisch Kranker erfordert umfassendes Wissen nicht allein im Hinblick auf diagnostische und therapeutische

Möglichkeiten, sondern mindestens ebenso zu Chancen von Prävention und nachhaltiger Lebensstiländerung.

Vor dem Hintergrund des dominanten Anteils von Herz-Kreislauf-Erkrankungen an den Todesfällen in Deutschland (Karoff 2003) lässt sich an diesem Beispiel plastisch die Sinnhaftigkeit sowohl strukturierter Behandlungsprogramme als auch nachdrücklicher Präventionsunterstützung für die Zukunftsfähigkeit unseres gesundheitlichen Versorgungssystems belegen. Die Notwendigkeit sektorenübergreifender Kooperation der maßgeblichen Akteure im Versorgungsgeschehen, erstmals in den Disease-Management-Programmen (DMP) evidenzbasiert beschrieben (Tophoven/Sell 2005), bildet deshalb den einen zentralen Baustein gerade auch der „Leuchtturmprojekte" der AOK Baden-Württemberg. Präventionsstärkung nimmt den zweiten, ebenso zentralen Bestandteil ein. Die Aufgaben der AOK als lebendiger „Gesundheitskasse" in der Kooperation der Gesundheitsakteure spielen sich dabei insbesondere auf der Ebene nicht medizinischer Maßnahmen ab, etwa im Bereich Raucherentwöhnung, bei der Unterstützung körperlicher Aktivitäten (Ziel: regelmäßig leicht bis moderat) oder der Ernährungsumstellung (Ziel: mediterrane Kost). Die AOK Baden-Württemberg fokussiert damit in einem ganzheitlichen Ansatz – Erhebung Risikofaktoren, nicht medikamentive Aktivitäten, medikamentöses Eingreifen, Intensivbehandlung im Akutfall – vor allem auf die präventiven Aspekte, die gezielt an individueller Risikofaktorenanalyse ansetzen und damit den professionellen Medizinbetrieb praktisch und perspektivisch nachhaltig entlasten.

Die zwingend aufzubauende qualitative Nachhaltigkeit muss sich insgesamt an konsentual festgelegte Kriterien einer prozessorientierten Outcome-Messung festmachen lassen. Unverzichtbares Hilfsmittel, mit dem die Komplexität in der gesundheitsbezogenen Realität auf leicht reproduzierbare Größen verdichtet wird, bilden mittlerweile Qualitätsindikatoren, die in den letzten Jahren an verschiedenen Stellen angewandter Gesundheitsforschung umfassend entwickelt worden sind. Den IV-Strategieprojekten der AOK Baden-Württemberg ist dabei gemein, dass sich die Partner jeweils auf einen überschaubaren, im Diskurs gemeinsam als prioritär festgelegten Kanon von Qualitätsindikatoren einigen.

Beispiele für die prozessorientierte Outcome-Messung in diesem Zusammenhang sind:
- die kontinuierliche Blutdruckmessung bei KHK und der Anteil der KHK-Patienten mit Normeinstellung Blutdruck,
- die BMI-Dokumentation und entsprechende Beratung oder
- die Beratung bei Einstellung des Rauchens.
   Zudem geht es um ergebnisbezogene Hardfacts, etwa
- die Reduktionsrate diabetologischer Folgeerkrankungen (Erblindung, Niereninsuffizienz) oder
- die Verringerung der Inzidenz von Herzinfarkten und Schlaganfällen.

Nachhaltigkeit der Projekte muss sich ebenso auf ökonomischem Gebiet beweisen, wobei die Übernahme von Ergebnisverantwortung über direkte Budgetverantwortung nicht nur nach tradierten Maßstäben im deutschen Gesundheitswesen als absolut un- und damit außergewöhnlich gelten darf; sie ist auch für „Leuchtturmprojekte" bundesweit nach wie vor alles andere als der Regelfall.

Die AOK Baden-Württemberg testet mit ihren Partnern gleich zwei unterschiedliche Ansätze von Budgetverantwortung. Beiden gemeinsam ist der Grundsatz, strukturelle Sperren gegen Risikoselektion aufzubauen, die Entwicklung der Versorgungsqualität intensiv über evaluiertes Qualitätscontrolling anhand der Qualitätsindikatoren abzufragen und die ökonomischen Controllingaufgaben arztfern konsequent beim projekteigenen Netzmanagement anzusiedeln. Die Ärzte können sich somit – ganz anders als in der normalen Regelversorgung – frei von Budgetdruck auf ihre medizinische Kernkompetenz konzentrieren.

Im Projekt „Gesundes Kinzigtal" wird die Effizienz gemessen über die Budgetverantwortung der Partner auf Basis der Normkosten des Risikostrukturausgleichs (RSA) für alle 30.000 AOK-Versicherten im Tal. Das rechnerische (virtuelle) Budget entspricht dem Produkt aus Versichertenzahl und RSA-Normkosten, der angestrebte „Gesundheitsgewinn" dem Delta zwischen Entwicklung der RSA-Normkosten und tatsächlichen Ist-Ausgaben in der Region.

Dieses Einspar-Contracting zwischen „Gesundes Kinzigtal" und AOK Baden-Württemberg steht gegen die Effizienzmessung in den Hausarztmodellen anhand einer Capitation-Methode. Die Kalkulation fußt hier auf der Datenbasis von morbiditätsbasierten Kopfpauschalen, denen versichertenbezogene Durchschnittsausgaben der AOK Baden-Württemberg zugrunde liegen und die allein für die eingeschriebenen Versicherten angewandt wird.

3. Aufdeckung und Deckung des Versorgungsbedarfs

Ob sich einerseits die Investitionen im Projektaufbau und -begleitung insbesondere der AOK Baden-Württemberg, andererseits innovative Versorgungsabläufe, ökonomische Effekte sowie gesundheitliche Outcomes und Lebensqualitätsentwicklung für die beteiligten Versicherten sehen lassen können, wird für alle Projekte umfänglich evaluiert. Ohne analytischen Rückblick kein nachhaltiger Entwicklungsprozess (Sachverständigenrat 2007: Ziffer 39 f.). Dabei erfordern Breite und Exklusivität der Evaluation Aufbau und ständige Adaption völlig neuartiger Datenbanken und Datenaufbereitungen. Erst umfangreiche Datenanalyse auf der Mikroebene ermöglicht die Evaluation für die Makroebene.

Im Ergebnis nehmen hier die Schnittmengen mit einer Versorgungsforschung, die zunehmend das Feld der Realität für sich entdeckt, unaufhörlich zu. Die Evaluation der Strategieprojekte verfolgt die Zielsetzung, diejenigen Instrumente, Managementverfahren und Organisationsstrukturen zu identifizieren, denen nachhaltige Praxistauglichkeit attestiert werden kann. Erst über prospektiv wie retrospektiv angelegte integrierte Datenanalysen insbesondere im Bezug auf Prävalenzen und Inzidenzen (Adipositas, Diabetes, KHK u. a.), den Einsatz von Predictive Modelling und die anschließende Fokussierung auf Hauptrisikogruppen – Aufdeckung des Versorgungsbedarfs – wird eine zukunftsorientierte versorgungsadäquate Programmentwicklung etwa im Bereich der Herz-/Kreislauf-bezogenen Risikoprophylaxe – im Sinne einer Deckung des tatsächlichen Versorgungsbedarfs – ermöglicht.

4. Nutzen für Patienten, Leistungserbringer und AOK Baden-Württemberg

Eine Zusammenschau der verschiedenen Vorteilsaspekte für die zentral an den IV-Strategieprojekten Beteiligten dokumentiert Abbildung 3.

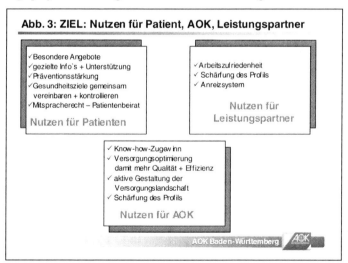

Abb. 3: ZIEL: Nutzen für Patient, AOK, Leistungspartner

Dabei liegt der Nutzen gerade für die professionellen Leistungspartner mit Blick auf ihre wiedergewonnene Autonomie und Arbeitszufriedenheit klar auf der Hand. Dies gilt nicht minder auch für die eingebundenen Versicherten im Sinne des notwendigen Aufbaus einer neuen partnerschaftlichen Arzt-Patienten-Beziehung (Richter 2006: 463) und der Entfaltung von mehr

Patientenautonomie und Empowerment. Nur auf diese Weise dürfte es auch gelingen, konstant hohe Einschreibquoten der Versicherten zu sichern. Das tägliche Erleben von hohem Zusatznutzen etwa durch besondere Gesundheitsförderungsangebote und eine kommunikativ vermittelte nachvollziehbar abgestimmte Behandlung durch den gewählten „Arzt des Vertrauens" im Vergleich zur Regelversorgung bildet die Garantie für die Überlebensfähigkeit der Projekte über ihre gesamte Laufzeit bis weit ins nächste Jahrzehnt hinein hinweg.

5. Ziel Übertragbarkeit

Die AOK-interne landesweite Vernetzung der Projekte ermöglicht zum Einen die Perspektive, die integrierten Versorgungsmodelle zu einer Qualitäts- und Effizienzmarke für die AOK Baden-Württemberg zu bündeln. Know-how-Fortschritte und Strukturentwicklung geben zunehmend Einblick und Sicherheit über erfolgversprechende Versorgungswege der Zukunft für die Versicherten und ergebnisorientierte Anreizsysteme für die Leistungspartner. Die Erfahrungen aus den Projekten dokumentieren zudem die enorme Impulskraft der Evaluation für deren kontinuierliche Weiterentwicklung.

Damit schält sich zum Anderen auch zunehmend ein Kern von Erkenntnissen aus den Strategieprojekten heraus, dessen Übertragung in die Fläche etwa im Rahmen der durch das GKV-WSG obligatorisch vorgegebenen hausarztzentrierten Versorgung (§ 73 b SGB V) von hohem Gewinn sein kann, ohne die Partner dort strukturell zu überfordern. Die IV-Leuchtturmprojekte der AOK Baden-Württemberg leisten damit zunehmend einen maßgeblichen Beitrag auch für die Sicherung des Versorgungsstandortes Baden-Württemberg.

Literatur:

Crane R./Porter M. (2007): An Overview of Kaiser Permanente: Integrated Healthcare and Population Management (hektographiertes Manuskript), Oktober 2007.

Hermann C. (2005): Möglichkeiten einer wettbewerblichen Differenzierung zwischen den Krankenkassen, in: Wille E./Albring M. (Hrsg.), Versorgungsstrukturen und Finanzierungsoptionen auf dem Prüfstand, Frankfurt am Main/Berlin/Brüssel/New York/Oxford/Wien, 123-132.

Hermann C./Hildebrandt H./Richter-Reichhelm M./Schwartz F. W./Witzenrath W. (2006: Das Modell „Gesundes Kinzigtal". Managementgesellschaft organisiert Integrierte Versorgung einer definierten Population auf Basis eines Einspar-Contractings, Gesundheits- und Sozialpolitik 5-6/2006, 11-29.

Kaempfe J. (2007) Vertragswettbewerb zwischen Krankenkassen in der integrierten Versorgung, Gesundheits- und Sozialpolitik 11-12/2007, 39-43.

Knieps F. (2006 a): Neue Versorgungsformen, in: Schnapp F. E./Wigge P. (Hrsg.), Handbuch des Kassenarztrechts, 2. Auflage, München, 349-377.

Knieps F. (2006 b): Perspektiven der integrierten Versorgung in Deutschland – der Ordnungsrahmen der GKV und die Aufgabe der Integration aus Sicht der Politik. In: Klauber J./Robra B.-P./Schellschmidt H. (Hrsg.), Krankenhaus-Report 2005. Schwerpunkt: Wege zur Integration, Stuttgart/New York, 27-36

Knieps F. (2007): Integrierte Versorgung auf dem Weg zur Regelversorgung – bisheriger Entwicklungsprozess und Neuerungen durch das GKV-Wettbewerbsstärkungsgesetz, Gesundheits- und Sozialpolitik 11-12/2007, 11-18.

Orlowski U./Wasem J. (2007): Gesundheitsreform 2007 (GKV-WSG). Änderungen und Auswirkungen auf einen Blick, Heidelberg/München/ Landsberg/Berlin.

Plassmann W. (2003): Sektorübergreifende Leistungskomplexe – erste Erfahrungen mit der Umsetzung der integrierten Versorgung nach §§ 140 a bis f, in: Tophoven C./Lischke L. (Hrsg.), Integrierte Versorgung. Entwicklungsperspektiven für Praxisnetze, Köln, 11-31.

Rheumawelt (2007): Gesundheitssystem Deutschland – Greifen integrierte Versorgungsverträge, http://www.rheumawelt.de, Zugriff: 13.11.2007

Richard S. (2001): Integrierte Versorgung, Chancen und Perspektiven, Arbeit und Sozialpolitik 1-2/2001, 8-13

Richter G. (2006): Neue Schwerpunkte im Arzt-Patienten-Verhältnis, in: Schauder P./Berthold H./Eckel H./Ollenschläger G. (Hrsg.), Zukunft sichern: Senkung der Zahl chronisch Kranker, Köln, 461-465.

Sachverständigenrat zur Begutachtung der Entwicklung im Gesundheitswesen (2007): Kooperation und Verantwortung. Voraussetzungen einer zielorientierten Gesundheitsversorgung. Gutachten 2007, Kurzfassung.

Schauder P. (2006): Medizinischer Reformbedarf im deutschen Gesundheitssystem und gesellschaftliches Umfeld, in: Schauder P./Berthold H./Eckel H./Ollenschläger G. (Hrsg.), Zukunft sichern: Senkung der Zahl chronisch Kranker, Köln, 3-17.

Seiler R. (2007): Die Schwarzwaldformel – das Modell „Gesundes Kinzigtal", in: Weatherly et al., 139-149.

Tophoven C./Sell S. (Hrsg.) (2005): Disease-Management-Programme. Die Chance nutzen, Köln.

Weatherly J. N./Seiler R./Meyer-Lutterloh K./Schmid E./Lägel R./Amelung V. E. (2007): Leuchtturmprojekte Integrierter Versorgung und Medizinischer Versorgungszentren. Innovative Modelle der Praxis, Berlin.

Das Krankenhaus im Zentrum integrierter Netze

Hartwig Jaeger und Joachim Bovelet

1. Demografischer Wandel als Herausforderung für die medizinische Versorgung

Deutschland altert. Bis 2030 wird der Anteil der Einwohner über 60 Jahre sowohl absolut als auch relativ zur Gesamtbevölkerung steigen. Deutschland schrumpft. Bis 2050 wird es statt 80 Millionen Deutschen nur noch knapp über 60 Millionen geben. Aus der einstigen Alterspyramide Anfang des letzten Jahrhunderts war schon lange ein „Tannenbaum" geworden – nun wird sie schlanker und stellt sich vollends auf den Kopf.

Demografische Entwicklungen sind langsam und vorhersehbar. Erstaunlich also, dass es immer wieder zu „plötzlichen und überraschenden" Effekten kommt. Ein Krankenhausunternehmen muss sich langfristig anpassen – ad hoc Entscheidungen sind selten sinnvoll und nachhaltig. Insbesondere, wenn es wie Vivantes einen Großteil der medizinischen Versorgung einer Metropole darstellt, sind Szenariendiskussionen auf dem Weg zur besten Lösung hilfreich und notwendig. Vivantes hat hierfür eine umfangreiche Matrixanalyse durchgeführt. Für alle medizinischen Bereiche der stationären Versorgung und alle Bezirke von Berlin wurden die Prognosen der Senatsverwaltung für Standentwicklung für die demografische Entwicklung bis 2020 mit den Krankenhausdiagnosestatistiken als Erwartungswerte des stationären Behandlungsbedarfes zusammengeführt. Die Kombination dieser Informationen ergibt die rein demografischen Effekte auf den zukünftigen Bedarf stationärer Behandlungen in Berlin.

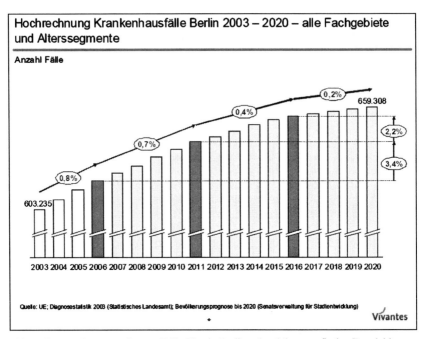

Abb. 1: Hochrechnung stationärer Fallzahlen in Berlin anhand demografischer Entwicklung

Der demografische Effekt auf die Fallzahlentwicklung erscheint denkbar einfach – mehr alte Menschen gleich mehr kranke Menschen gleich mehr Fälle. Die zukünftige Auslastung scheint sicher – der Ruf nach mehr Linksherzkathetermessplätzen wird lauter. Scheinbar logisch – aber falsch. Das Deutsche Krankenhausinstitut (DKI) hat in einer viel beachteten Studie[1] für die einzelnen medizinischen Fachgebiete die erwarteten Fallzahleffekte mit den IST-Entwicklungen der letzten Jahre vergleichen. Nach diesen Analysen hatten wir vermutlich im Jahr 2002 ein „all time high" in der stationären Fallzahl. Seitdem gehen die Fallzahlen etwa mit mehr als 1 % pro Jahr zurück.

---

[1]   Offermanns, M.; Müller, U.; Die Entwicklung der Krankenhausinanspruchnahme bis zum Jahr 2010 und die Konsequenzen für den medizinischen Bedarf der Krankenhäuser; DKI; Düsseldorf, November 2006

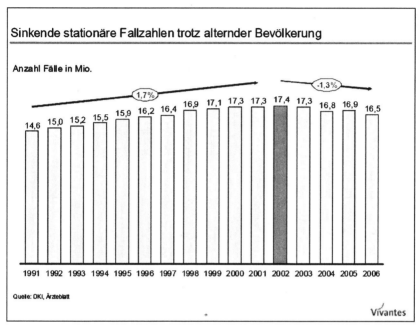

Abb. 2: Entwicklung stationärer Fallzahlen 1991 bis 2006

Warum? Hierfür gibt es mehrere Ursachen. Zum einen sind durch die DRGs stationäre Behandlungen in den ambulanten Versorgungsbereich verlagert worden – z.B. Arthroskopien, Katarakt-Operationen. Diesem Effekt stehen die Fallzahlvermehrungen aufgrund von Leistungsausweitungen der Krankenhäuser zur Budgetsicherung bei fallenden Basisfallwerten gegenüber. Ein hoher Divisor half, die finanziellen Effekte der Konvergenz abzufedern – die steigende Auslastung senkte zudem die Grenzkosten der Leistungserbringung, wobei abzuwarten bleibt, ob diese Strategie nachhaltig erfolgreich war. Fallzahlrückgang scheinbar also ein undurchsichtiges Geschehen mit multifaktoriellen Effekten. Es gibt aber einen Bereich, in dem die Einflussfaktoren leichter abgrenzbar sind und sich die demografischen Effekte deutlicher zeigen – der Formenkreis der ischämischen Herzerkrankungen. Ambulantes Potenzial ist hier nur schwer zu erkennen – die Fälle sind wenig steuerbar und spiegeln den langfristigen Trend des Gesundheitszustandes der Bevölkerung wieder. Hier zeigt sich eine interessante Entwicklung, die weitere Betrachtung verdient. Die Fallzahlen hätten – so die DKI-Studie – von 2000 bis 2004 aufgrund der demografischen Entwicklung um 6% steigen müssen, tatsächlich sind sie aber um 14% gesunken.

138

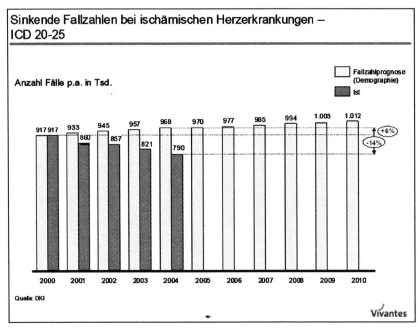

Abb. 3: Entwicklung der stationären Fallzahlen bei ischämischen Herzerkrankungen

Hierzu gibt es plausible medizinische Erklärungsansätze. Ischämische Herzerkrankungen haben mehrere Ursachen. Ein wesentlicher Faktor ist die Hypertonie – der Bluthochdruck, der überwiegend medikamentös behandelt wird. Vergleicht man den Einsatz von wirksamen medikamentösen Therapieansätzen über die letzten 20 Jahre, so zeigt eine Studie[2], dass der Anteil der Patienten, die mit innovativen Medikamenten behandelt werden, seit den 1980ern massiv zugenommen hat. Den Effekt sehen wir heute – die 60 bis 65-Jährigen sind „gesünder" und leiden weniger an ischämischen Krankheiten als noch vor 10 Jahren.

---

2   Rothwell et al.; Lancet 363; 2004

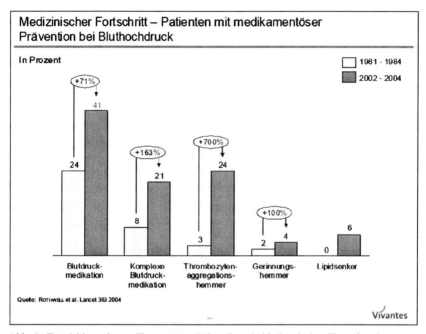

Abb. 4: Entwicklung der medikamentösen Behandlung bei ischämischen Herzerkrankungen

Zusammenfassend lässt sich feststellen, dass eine alternde Bevölkerung nicht zwangsläufig zu vermehrtem Behandlungsbedarf und somit steigenden Fallzahlen führen muss. Detaillierte Analysen je Fachsegment kommen zu völlig gegenläufigen Tendenzen in den einzelnen Fachgebieten. Sie erfordern von einem Krankenhausunternehmen, sich auf die Fallzahlentwicklung einzurichten – sowohl strukturell als auch in der operativen Ausgestaltung. Hierzu gehören die Anpassung der baulichen Strukturen, der personellen und gerätetechnischen Kapazitäten bis hin zu einer neuen Sichtweise auf die organisatorische Gestaltung. Weg von historisch gewachsenen Fachabteilungsstrukturen und hin zu organ-, symptom- und ressourcenorientierten Klinikstrukturen, in denen der Patient im Zentrum steht und nicht ständig als Schnittstellenmanager zwischen den Krankenhausbereichen und – zuständigkeiten fungieren muss.

2.   Vivantes als Beispiel

Vivantes – das Netzwerk für Gesundheit ist der Gesundheitsversorger der Metropole Berlin. Mit 5000 Betten der Akutversorgung an 9 Standorten und 12

140

Seniorenwohnheimen in ganz Berlin stellt Vivantes mit 13.000 Mitarbeitern die medizinische Versorgung der Bevölkerung Berlins sicher. Vivantes ist bundesweit der größte kommunale Krankenhausträger, hinter den über- regionalen privaten Krankenhausunternehmen stellt Vivantes der Umsatzgröße nach die Nummer 5 in Deutschland.

Innerhalb Berlins ist Vivantes mit fast 200.000 stationären Patienten pro Jahr etwa 1 ½ mal so groß wie die Charité – jeder 3. Berliner wird bei Vivantes behandelt – in der Psychiatrie sogar jeder Zweite. Die Rettungsstelle im Vivantes Klinikum Neukölln ist die größte ihrer Art in Deutschland. Mehr als 50.000 Behandlungsfälle werden hier pro Jahr erbracht – und das in einem der sozialen Brennpunkte der Stadt.

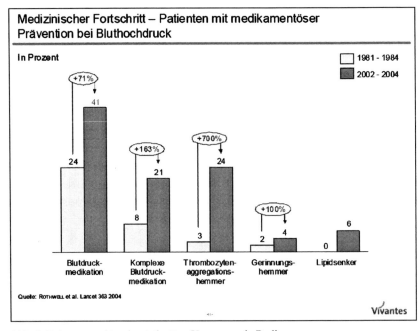

Abb. 5: Leistungsstruktur der stationären Versorgung in Berlin

Vivantes entstand aus der Fusion der städtischen Krankenhäuser, die nach der Wiedervereinigung mit hohen Überkapazitäten „überleben" mussten, während die Zeiten üppiger Förderung durch den Bund vorbei waren. In Berlin lag die

Bettenkapazität 1990 etwas 40% über dem Bundesschnitt[3] - die Verweildauer war mit 22 Tagen mehr als 50% länger als im Bundesschnitt. Von 1990 bis 2005 sank die Anzahl der Krankenhausbetten von 40.855 auf 20.350 – ein harter Schnitt für die Krankenhäuser.

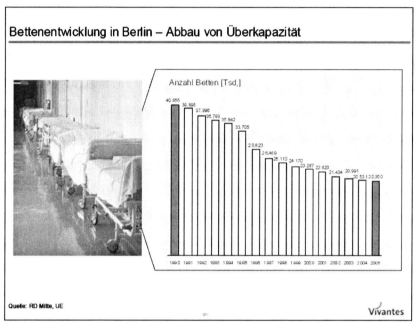

Abb. 6: Entwicklung der Krankenhaus-Bettenzahlen in Berlin 1990 bis 2005

Durch umfangreiche Sanierungsmaßnahmen gelang es Vivantes, im Jahr 2004 erstmals eine „schwarze Null" als Jahresergebnis auszuweisen. Das Bemühen um effiziente Abläufe und schlanke Strukturen wird auch weiterhin die Managementaufgaben prägen – hohe Personalkosten und Aufwendungen für Altbaustrukturen bleiben eine dauerhafte Herausforderung.

---

[3] 115 Krankenhausbetten je 10.000 Einwohner (1990)

3. Der Ausblick – das Krankenhaus im Zentrum integrierter Netze

Die Herausforderungen für die Krankenhäuser nehmen nicht ab. Der Wettbewerb um die Patienten – und die einweisenden niedergelassenen Ärzte – steigt. Der Basisfallwert sinkt, die Konvergenz auf einen Bundesbasisfallwert ist in der politischen Diskussion und die Bereitschaft der Bundesländer, ihren Investitionsverpflichtungen gegenüber den Krankenhäusern gerecht zu werden, um effizientere Strukturen zu schaffen, ist weiter fraglich.

Zudem werden die Patienten mündiger, selbstbestimmter und anspruchsvoller. Informiert durch neue Medien, aufklärende Berichte und die zunehmende Transparenz über die Qualitätsanstrengungen der Krankenhäuser nehmen die Patienten mehr Einfluss auf die Auswahl des Krankenhauses und die Behandlungsabläufe. Das Bestreben um bestmögliche Abläufe und Wahrung der Selbstbestimmtheit der Patienten während eines Krankenhausaufenthaltes wird den Wettbewerb bestimmen.

Fünf Trends erscheinen vor dem Hintergrund der gegenwärtigen Entwicklungen maßgeblich:

Schaffung effizienter Strukturen mit Konzentration der Leistungen – die Schaffung größerer Stationen und schlankerer Klinikstrukturen können zu sinkenden Personal- und Infrastrukturkosten führen. Beispielsweise stehen Bettenmaßzahlen von derzeit mehr als 100 qm BGF[4] je Bett in bestehenden Altbaustrukturen dem Optimum von vermutlich weniger als 60 qm gegenüber.

Spezialisierung und Zentrenbildung – mit der Schaffung des Zentrums für Brusterkrankungen im Vivantes Klinikum am Urban ist ein weitreichender Schritt für die Spezialisierung gegangen worden. Mit über 600 primären Tumorbehandlungen ist dieses Zentrum eines der größten in Deutschland. Hochspezialisierte und standardisierte Abläufe sichern höchstes Qualitätsniveau und Patientensicherheit.

Orientierung an den Bedürfnissen der Patienten – die primäre Assoziation von Patienten und Angehörigen mit dem Krankenhaus ist Angst. Angst, die so stark ist, dass sachliche Informationen nur bedingt die Wahrnehmungsschwelle der Menschen überwinden können. In einer einzigartigen Untersuchung zusammen mit Sinus Sociovision hat Vivantes die Ängste und Sorgen, Bedürfnisse und Hoffnungen der Patienten und derer, die Patienten werden könnten, untersucht. Die tiefenpsychologischen Explorationen zeigen, dass eine ex-post-Befragung (z.B. „wie war das Essen") nur einen Teilaspekt der Patientenbedürfnisse erfassen können. Der Klinikalltag muss versuchen, aktiv

---

[4]   Bruttogeschossfläche

Angst abzubauen, anstatt sich hinter Medizintechnik und Fachbegriffen zu verschanzen.

Innovative Ansätze in der Psychiatrie – die Trennung der Sektoren medizinischer Behandlung ist besonders in der Psychiatrie erkennbar. Drehtüreffekte in der Behandlung lassen eine integrierte Sichtweise auf das Krankheitsgeschehen und die Behandlungsformen häufig nur erschwert zu. Das Itzehoer Modell zeigt beispielhaft, wie die integrierte Behandlung psychiatrischer Erkrankungen in einem synergistischen Modell der Beteiligten ermöglicht werden kann. Die Übertragung auf eine Metropolregion steht bisher aus, aber Berlin ist vermutlich hierfür ein ideales Terrain, in dem Vivantes als Hauptleistungserbringer für 50% der Psychiatrie einen wesentlichen Anteil an der Validierung der Behandlungsansätze haben könnte.

Integration von ambulanter und stationärer Behandlung – die Zeiten, in denen der Hauptteil der ambulanten Leistung in Einzelpraxen erbracht wurde, scheinen vorbei zu sein. Die Vorteile eines ambulanten Gesundheitszentrums mit mehreren Ärzten, die sich die Infrastruktur teilen, liegen auf der Hand. Durch gesetzliche Neuregelungen bilden die MVZs einen Katalysator für die Veränderung der ambulanten Strukturen. Der Anteil der MVZs mit Klinikbeteiligung steigt überproportional – der frühere Dipol ambulant vs. stationär löst sich langsam auf.

Die Situation der Krankenhäuser in Deutschland ist geprägt von Herausforderungen – die Kliniken scheinen diese Herausforderungen angenommen zu haben und versuchen, ihnen mit neuen Impulsen zu begegnen. Vivantes – das Netzwerk für Gesundheit – ist hierbei Vorreiter in einem der wettbewerbsintensivsten Regionen in Deutschland.

Die Rolle der Kassenärztlichen Vereinigungen im Rahmen integrierter Netze

Leonhard Hansen

1. Einleitung

Im Rahmen integrierter Versorgungsverträge (nachfolgend IV-Verträge etc.) wurde den Kassenärztlichen Vereinigungen durch den Gesetzgeber eine Nebenrolle zugewiesen. Sie dürfen lediglich Mittel für die Anschubfinanzierung bereitstellen und nachgeordnete Abrechnungsfunktionen übernehmen. Als Vertragspartner sind sie jedoch nicht zugelassen. Dies engt ihren Handlungsspielraum naturgemäß ein. Dennoch beschränkt sich die KV Nordrhein nicht auf eine passive Zuschauerrolle, sondern kommt dem Wunsch ihrer Mitglieder und zumindest einem Teil der Krankenkassen nach und beteiligt sich aktiv an IV-Vorhaben. Die verschiedenen Ausprägungen dieses Engagements werden im Folgenden dargestellt und erläutert. Es wird hierbei mit der strategischen Ausrichtung bzw. dem Selbstverständnis der KV Nordrhein begonnen und im Weiteren auf die konkreten Aktivitäten eingegangen.

Strategische Ausrichtung der KV Nordrhein

Die strategische Ausrichtung der KV Nordrhein wird durch den Leitsatz „Dienstleister im Interesse von Arzt und Patient" prägnant zusammengefasst. Etwas ausführlicher beschrieben, erhebt sie den Anspruch, ein Mitglied von der Zulassung bis zum Ausscheiden aus der vertragsärztlichen Versorgung umfassend und kompetent zu begleiten und zu unterstützen. Dies umfasst Dienstleistungen aus dem originären Bereich der kassenärztlichen Versorgung (u.a. Sicherstellung, Qualitätssicherung, Abrechnung, Notdienst) ebenso wie Unterstützung bei individuellen Fragestellungen wie z.B. die Kooperations-beratung, die betriebswirtschaftliche Beratung oder ein weitreichendes Fortbil-dungsprogramm.

Die KV Nordrhein versucht hierbei, Versorgungsgesichtspunkte und somit das Gemeinwohl angemessen zu berücksichtigen. Im Rahmen integrierter Netze bedeutet dies konkret, dass sie sich bei der Konzeption und Umsetzung von Versorgungsverträgen engagiert, sofern diese die regionale Sicherstellung tangieren. Ohne dass es überhöht klingen soll: sie versteht sich in diesem Zusammenhang als ordnende und ausgleichende Institution, die auf über-geordnete Versorgungsaspekte, wie z.B. eine möglichst gleichmäßige und für alle Versicherten zugängliche Versorgungsform, achtet.

Die KV Nordrhein setzt auf die schrittweise Weiterentwicklung der vorhandenen Versorgungsstrukturen, anstatt noch nicht etablierte neue Versorgungsformen mit der Sicherstellung zu betrauen. Dabei hat sie den fairen Wettbewerb im Blick. Sie fördert Erfolg versprechende differenzierte Vertrags- und Versorgungsmodelle, ohne gleichzeitig die Regelversorgung in Frage zu stellen oder diese zu beeinträchtigen. Insbesondere in populationsorientierten IV-Modellen sieht sie einen erprobenswerten Ansatz.

2.   Angebote der KV Nordrhein bzw. der KV Nordrhein Consult

Die KV Nordrhein unterstützt seit Jahren die Gründung und den Aufbau von Netzen und anderen kooperativen Strukturen. Hierfür wurde zunächst ein Netz- und Kooperationsbeauftragter etabliert und später die KV Nordrhein Consult (nachfolgend Consult) gegründet. Weiterhin rechnet sie im Auftrag mehrerer Primärkassen die Leistungen der an IV-Verträgen teilnehmenden Ärzte ab. Schließlich fördert sie ideell und materiell z.B. den Aufbau palliativmedizinischer und –pflegerischer Netze.

In erster Linie ist jedoch die Consult für die Betreuung von Netzen und vor allem von Integrationsvorhaben zuständig. Sie bietet ein umfangreiches Leistungsportfolio, das in der folgenden Grafik veranschaulicht und anschließend erläutert wird.

Abb. 1: Angebote der KV Nordrhein Consult

3.   Informations- und Beratungsangebot

In Einzel- und Gruppengesprächen werden insbesondere die rechtlichen Möglichkeiten sowie strategische Gesichtspunkte erörtert. Die Consult erläutert die Anforderungen der Krankenkassen, nennt Ansprechpartner und kann ggf.

über bereits existierende Verträge informieren. Sie klärt über eine adäquate Vorgehensweise auf und führt Sondierungsgespräche bei den Krankenkassen. Eine weitere Aufgabe ist die Erstellung regelmäßiger Statistiken über die im Bezirk Nordrhein geschlossenen IV-Verträge. Auch wenn diese Auswertungen keinen Anspruch auf Vollständigkeit haben (können), so tragen sie in erheblichem Umfang zu größerer Transparenz in dieser äußerst unübersichtlichen Materie bei. Ergänzend sei bemerkt, dass dieses Informationsangebot relativ einzigartig in Deutschland ist.

Zwei Beispiele aus der IV-Vertragsstatistik finden sich in den folgenden Schaubildern. Die Grafiken geben den Stand der IV-Verträge in Nordrhein im November 2007 wieder.

ca. 190 verschiedene IV-Verträge

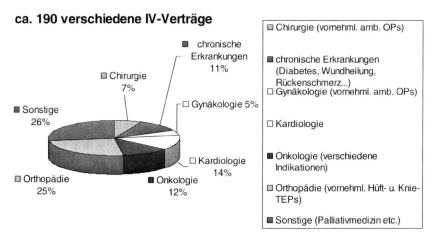

Abb. 2: IV-Verträge

Quelle: Eigene Berechnungen der KV Nordrhein auf Basis der Meldungen der Registrierungsstelle

Bei der Anzahl der Verträge handelt es sich um eine bereinigte Zahl, d.h. ein Vertrag wird nur einmal gezählt, auch wenn ihn mehrere Kassen melden. Auch ein Rahmenvertrag, zu dem verschiedene Vertragspartner beitreten, wird nur als ein Vertrag gezählt. Dies unterscheidet die Zahl von den Statistiken der Registrierungsstelle. Insgesamt ist aktuell von mindestens 180 verschiedenen IV-Verträgen in Nordrhein auszugehen.

148

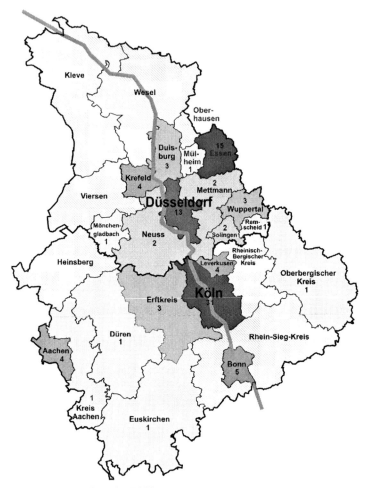

Abb. 3: Räumliche Verteilung der IV-Verträge

Quelle: Eigene Berechnungen der KV Nordrhein auf Basis der Meldungen der Registrierungsstelle

Je dunkler die Farbe, desto mehr Verträge wurden in dem jeweiligen Kreis bzw. der Stadt geschlossen. Die Anzahl der Verträge, die eindeutig zuzuordnen sind, wird zusätzlich genannt. Die äußerst ungleichmäßige Verteilung der Verträge über die gesamte Region bestärkt die KV Nordrhein in ihrer Kritik, dass die „Versorgungslandschaft" durch IV-Verträge zergliedert/zersplittert und letztlich desintegriert wird.

4. Konzeptentwicklung

Gemeinsam mit den Ärzten und weiteren interessierten Partnern werden Konzepte bzw. Vertragsentwürfe entwickelt/erstellt. Sofern möglich und sinnvoll, geschieht dies unter Nutzung von Daten und mit Beteiligung Dritter, um zusätzliche Expertise zu erhalten. Als Verfahren kommt oftmals eine Gruppen-Moderation zum Einsatz. Nicht selten geht es auch in diesem Stadium bereits darum, einen fairen Interessenausgleich herzustellen.

5. Organisationsentwicklung

Eines der größten Probleme der Netze ist deren in aller Regel fehlende Vertragsfähigkeit. Diese gilt es, durch geeignete Maßnahmen der Organisationsentwicklung herzustellen. Der dafür notwendige und zeitaufwändige Prozess sollte idealtypischerweise bereits vor Vertrags-verhandlungen oder vor entsprechenden konzeptionellen Erwägungen abgeschlossen sein. Häufig fehlt hierfür jedoch der notwendige Impuls bzw. die klare Perspektive, so dass die Organisationsentwicklung oftmals erst mit der Konzeptentwicklung anläuft. In diesem Zusammenhang steht dann z.B. an, die Ziele innerhalb eines Netzes zu bündeln und intern zu vereinbaren. Es müssen weiterhin Prozesse definiert und standardisiert sowie Zuständigkeiten verteilt werden. Der Aufbau von Organisationsstrukturen gehört ebenfalls dazu. Weiterhin werden gemeinsame Qualitätsmanagement-Maßnahmen initiiert. Zur Herstellung der Vertragsfähigkeit zählt schließlich auch, Konfliktmechanismen zu etablieren und stabile Strukturen zu finden, die die unterschiedlichen Aktivitäten koordiniert ablaufen lassen. Die Durchführung dieser und weiterer Maßnahmen gehört zum Leistungsumfang der Consult im Rahmen der Organisationsentwicklung von Netzen.

6. Initiierung von Projekten

Auch die Initiierung von Projekten und die Suche nach geeigneten Vertragspartnern auf Ärzteseite ist Gegenstand des Leistungsangebots der Consult. Der Impuls kommt hier von anderer Stelle, z.B. von einer Krankenkasse oder von einem industriellen Marktteilnehmer. Es geht in diesen Fällen darum, Mitglieder oder weitere Partner für entsprechende Vorhaben zu gewinnen. Auf Ärzteseite sind dabei u.a. die lokalen Entscheidungsträger und Multiplikatoren zu überzeugen und einzubinden.

In diesem Zusammenhang hat im Sommer 2006 die KV Nordrhein gemeinsam mit der Ärztekammer Nordrhein ein Modellprojekt zur populationsorientierten IV ausgeschrieben. Etwa 10 Netze haben sich beworben. Auswahlkriterien waren Projekterfahrung, Größe/Flächendeckung, Professionalität und Gestaltungsvisionen. Letztlich wurde die Region Düren als Modellregion ausgewählt, da hier die Auswahlkriterien am besten erfüllt wurden. Im November 2007 wurde den Krankenkassen ein inhaltlich umfangreicher Vertragsentwurf vorgelegt, in dessen Verhandlung nun eingestiegen werden soll.

7. Vertragsverhandlungen

Im Auftrag von Netzen unterstützt oder übernimmt die Consult die Vertragsverhandlungen mit den Partnern. Umfang und Inhalt richten sich nach den Wünschen der Auftraggeber. Die Tätigkeit kann sich auf Recherchen und vor-/nachbereitende Maßnahmen beschränken oder eben bis zur Verhandlungsführung gehen. Weiterhin fällt in diesen Tätigkeitskomplex die Abklärung rechtlicher und abwicklungstechnischer Fragen.

8. Management und Abwicklung

Schließlich gehört auch die Übernahme des Netzmanagements zum Portfolio der Consult. Dies umfasst u.a. die kaufmännische Steuerung, die Koordination und Organisation der Netzaktivitäten, das Daten-Management (z.B. Morbiditäts-Kalkulationen) sowie die administrative Betreuung der Netzteilnehmer und der Vertragspartner. Die Betreuung der Netzteilnehmer schließt auch die Abrechnung der IV-Leistungen ein. Letzteres wird - wie oben bereits erwähnt - durch die KV gewährleistet. Auch in der Frage des Netzmanagements richtet sich der genaue Umfang nach den Wünschen der Auftraggeber, also des Netzes und ggf. der anderen Vertragspartner. Die KV Nordrhein geht davon aus, dass sie bzw. die KV Nordrhein Consult alle notwendigen Unterstützungsleistungen anbietet, um eine professionelle Netzarbeit sicherzustellen.

Abschließend sei noch bemerkt, dass die Leistungen der KV Nordrhein sowie der KV Nordrhein Consult kostenpflichtig sind, sofern sie den allgemeinen Informationsauftrag, den die KV ihren Mitgliedern gegenüber hat, übersteigen.

9. Zusammenfassung

Die KV Nordrhein sieht sich als innovativen, professionellen und zuverlässigen Partner für ihre Mitglieder wie auch die Krankenkassen und hält selbst oder über ihre Tochtergesellschaft KV Nordrhein Consult ein breites Leistungsangebot für integrierte Netze vor. Sie ist allerdings auch ein kritischer Partner, der Merkwürdigkeiten im Rahmen von IV-Verträgen öffentlich benennt und ggf. auch gerichtlich klären lässt.

Im Rahmen der gesetzlichen Möglichkeiten initiiert und fördert die KV Nordrhein darüber hinaus Erfolg versprechende IV-Projekte. Die Zukunft wird zeigen, welche Resonanz diese Initiative bei den Krankenkassen erhält.

Als moderner Dienstleister übernimmt die KV Nordrhein Consult die Aufgaben, die die Auftraggeber wünschen: von der Akquisition bis zur Vertragsverhandlung, von der (einfachen) Abrechnung bis zum komplexen Netzmanagement.

Die KV Nordrhein strebt nach größtmöglicher Transparenz in dieser unübersichtlichen „Versorgungslandschaft". Im Interesse von Arzt und Patient.

Die neuen Versorgungsformen aus Sicht der pharmazeutischen Industrie

Marion Wohlgemuth, Martin Rost, Novartis Pharma GmbH, Walter Röhrer, Hexal AG

1. Einleitung

Die Gesundheitsversorgung in Deutschland befindet sich im Umbruch. Direktverträge zwischen Leistungserbringern und Krankenkassen und Verträge zwischen der pharmazeutischen Industrie und den Krankenkassen werden in Zukunft die Gesundheitsversorgung mitbestimmen und verändern.

Die Idee des Gesetzgebers geht in Richtung Wettbewerb. Durch Wettbewerb zwischen den Leistungserbringern sollen die Effizienzpotenziale im System realisiert werden. Direktverträge und Rabattverträge sollen dazu beitragen, dass die Kosten gesenkt werden. Mit dem GKV-WSG setzt der Gesetzgeber Steuerungsanreize, die eine Umsetzung von Rabattverträgen wahrscheinlicher machen als zuvor. Hierbei greift er an Problembereichen der Vergangenheit an. Die Krankenkassen hatten keinen Einfluss auf das Verschreibungsverhalten der Ärzte, und die Ärzte hatten an sich ein eher geringes Interesse, solche Verträge umzusetzen. Deshalb wurden mit dem GKV-WSG Regelungen geschaffen, die sowohl für die Generikaanbieter als auch für die Anbieter patentgeschützter Produkte Rabattverträge interessanter machen. Besonders für die Generika-anbieter war es entscheidend, dass die Produkte, für die Rabattverträge existieren, in der Apotheke bevorzugt abgegeben werden müssen. Für die Anbieter von patentgeschützten Produkten wurde eine Regelung eingeführt, die beim verschreibenden Arzt ansetzt. Existieren für bestimmte Präparate Rabattverträge, und der Arzt ist diesen Rabattverträgen beigetreten, so werden diese Präparate von der Wirtschaftlichkeitsprüfung ausgenommen. Das heißt, der Arzt belastet bei der Verschreibung dieser Produkte sein Budget nicht und hat somit einen starken Anreiz, diese Verträge zu bedienen. Zusammenfassend kann man sagen, die Umsetzungswahrscheinlichkeit für Rabatt und Direkt-verträge steigt mit dem GKV-WSG erheblich.

Kooperationen zwischen der pharmazeutischen Industrie und Krankenkassen können auf unterschiedliche Art und Weise umgesetzt werden. Ob im Rahmen der integrierten Versorgung, in einfachen Rabattverträgen oder in innovativen Vertragskonzepten, die Grundlage ist meist ein Vertrag basierend auf § 130a SGB V. Während die Konzepte der integrierten Versorgung nur für eingeschriebene Patienten gelten, beziehen sich die Rabattverträge und die Innovativen Vertragskonzepte meist auf alle Versicherten der jeweiligen Krankenkasse.

Im Folgenden sollen die Auswirkungen dieser Kooperationen auf die pharmazeutische Industrie anhand von vier Modellen analysiert werden.
1. Populationsbezogene integrierte Versorgung – „Gesundes Kinzigtal"
2. Indikationsbezogene integrierte Versorgung – Herzinsuffizienz und Telemedizin
3. Rabattverträge – Generikahersteller
4. Kooperationsverträge – Forschende Hersteller

2.   Kooperationsmodelle und Auswirkungen auf die Industrie

2.1   Populationsbezogene integrierte Versorgung – „Gesundes Kinzigtal"

Das „Gesunde Kinzigtal" ist eine populationsbezogene integrierte Versorgung der AOK Baden Württemberg.

Abb. 1: Gesundes Kinzigtal

Für die Industrie können sich hier positive und negative Auswirkungen ergeben. Positiv wären zum Beispiel Wettbewerbsvorteile aufgrund von Umsatzsteigerungen durch die Listung der Produkte, Umsetzung der Verträge durch die beteiligten Ärzte, Umsatzsteigerung durch abgestimmte Therapieempfehlungen zwischen Krankenhaus und dem niedergelassenen Bereich. Vereinbarungen im Rahmen der integrierten Versorgungen stehen über anderen Rabattverträgen und werden deshalb eher umgesetzt; auch eine hohe Produktloyalität bei den Patienten in der integrierten Versorgung trägt zu günstigen Auswirkungen für die Industrie bei.

155

Es können sich aber auch negative Auswirkungen zeigen. Denkbar ist der komplette Umsatzverlust in einer Region, wenn man bei den Verträgen nicht zum Zuge gekommen ist. Negativ ist auch, dass sich eine höhere Exklusivität auch immer nur mit noch höheren Rabatten erreichen lässt. Außerdem kann man von einer deutlich höheren Wettbewerbsintensität zwischen den gelisteten Unternehmen ausgehen. Man muss des Weiteren mit einer eingeschränkten Bedeutung des Außendienstes rechnen, die eine neue Ausrichtung, beispielsweise hinsichtlich einer differenzierteren Steuerung und grundlegend veränderter Besprechungsthemen notwendig macht. Kritisch ist es auch, wenn etwa nicht an der integrierten Versorgung teilnehmende Ärzte die beteiligten Firmen sanktionieren oder wenn die Unzufriedenheit der Patienten mit den Netzärzten oder der Leistung der des Netzes auf die Firmen und deren Produkte abstrahlen.

2.2 Indikationsbezogene integrierte Versorgung – Herzinsuffizienz und Telemedizin

Die Umsetzung von Telemedizin bei Herzinsuffizienz ist ein Beispiel für eine indikationsbezogene integrierte Versorgung.

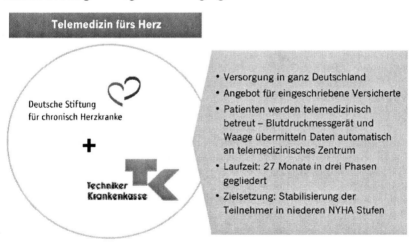

Abb. 2: Telemedizin bei Herzinsuffizienz

Die Auswirkungen einer indikationsbezogenen integrierten Versorgung auf die pharmazeutische Industrie sind vergleichbar mit den Auswirkungen einer populationsbezogenen integrierten Versorgung. Vorteilhaft wirkt sich auch hier die Listung der Präparate aus, was zu einer Umsatzsteigerung zulasten der Wettbewerber führt. Zusätzlich ist, im Vergleich zum Status Quo, von einer höheren Compliance der Ärzte auszugehen. Negativ wirkt sich im Umkehrschluss aus, wenn Hersteller nicht auf bei der Listung berücksichtigt werden. Hierdurch werden zahlreiche Unternehmen zumindest für die Vertragslaufzeit vom Markt ausgeschlossen.

2.3   Rabattverträge – Generikahersteller

Die zurzeit häufigste Form der Kooperation zwischen Krankenkassen und der pharmazeutischen Industrie sind Rabattverträge nach § 130a Abs. 8 SGB V, die in der Regel mit Generika-Anbietern geschlossen wurden. Mittlerweile gibt es nur noch wenige gesetzliche Krankenkassen, die keinen dieser Rabattverträge abgeschlossen haben. Viele Kassen haben ihren generikafähigen Markt im Rahmen der Regelversorgung großflächig durch Verträge mit jeweils mehreren Firmen abgedeckt.

Zwei unterschiedliche Vertragsmodelle prägen derzeit das Bild: Einerseits gibt es Verträge, die aufgrund von Ausschreibungen meist einzelner Wirkstoffe abgeschlossen wurden (z. B. AOK). Der Zuschlag wird in der Regel abhängig vom gebotenen Rabatt, bzw. vom durch den Rabatt erreichten Preisniveau erteilt. Zusätzliche Kriterien wie z.B. Stärke der Umsetzung (Kommunikation durch Außendienste), Etablierung einer Marke, Lieferfähigkeit etc. spielen keine Rolle. Dadurch kam es bei diesen Verträgen in der Vergangenheit für viele Patienten zu häufigen Wechseln der Arzneimittel.

Demgegenüber stehen Portfolioverträge (z. B. Ersatzkassen, BKKen) mit Vollsortimentanbietern. Diese sind je nach Größe der Vertragspartner einfach zu handhaben und zu kommunizieren. Dabei kommen bei vielen Verträgen vor allem die etablierten großen und mittleren Generikaanbieter zum Zug, die in wechselnder Zusammensetzung – nicht exklusiv – Vertragspartner der Kassen sind. Neben der Höhe der angebotenen Rabatte sind es offenbar die oben beschriebenen zusätzlichen Faktoren, die bei der Entscheidung der Kasse bezüglich der Auswahl der Vertragspartner eine wichtige Rolle spielen. Weitere Vergabekriterien bei Portfolioverträgen sind Sortimentsbreite und -tiefe, Bereitschaft zu einer langen Zusammenarbeit, Nachweise für Lieferfähigkeit, Schnelligkeit bei generischen Neueinführungen und Spezialprodukten usw. Bei der Umsetzung der Portfolioverträge kommen gemeinsame Kommunikationskonzepte von Kasse und Unternehmen zum Tragen.

Es zeichnet sich ab, dass es zukünftig vermehrt zu Mischformen beider Modelle kommen wird, d.h. Ausschreibungen von Losen z.B. für Produkte bestimmter Indikationsbereiche oder Festbetragssortimente, bei denen ein gewichteter Katalog von „weichen" Kriterien neben dem Rabatt die Entscheidung bestimmen.

Die Firmen der Sandoz-Gruppe (HEXAL AG, Sandoz Pharmaceuticals GmbH, 1 A Pharma GmbH) sind in vielen Verträgen aller Modelle mit großer Marktrelevanz beteiligt. Die Vorteile einer Partnerschaft mit z. B. HEXAL sind u.a. deren größtes generisches Portfolio, das größte zuzahlungsbefreite Sortiment, die Einbindung der Rabattverträge in eine umsetzungsstarke Kommunikation, kombiniert mit einer großen Außendienstmannschaft sowie der Gewährleistung der Lieferfähigkeit.

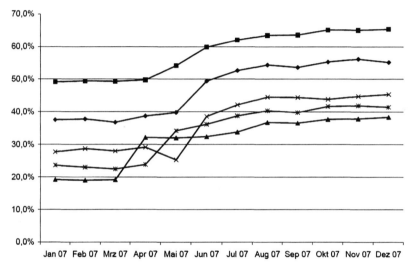

Abb. 3: Anteil der jeweiligen Rabattvertragsfirmen in Summe am Generika-Umsatz bei fünf Krankenkassen (2 Ersatzkassen, 2 BKKen, 1 AOK; Summe der Firmen nach HAP, in %)

Quelle: IMSCMA

Der Hauptgrund für die rasante Zunahme dieser Vertragsabschlüsse seit dem Inkrafttreten des WSG ist die im Gesetz und im zwischen Krankenkassen- und Apothekerverbänden abgeschlossenen Rahmenvertrag nach § 129 SGB V festgelegte Aut-idem-Regel. Danach sind die Apotheken angehalten, den Versicherten nach Möglichkeit Arzneimittel der jeweiligen Vertragsfirmen der Kasse auszuhändigen. Aufgrund der weitreichenden Austauschbarkeit eines Großteils der Sortimente der Generikaanbieter hat diese Regel bei den einzelnen Krankenkassen zu starken Marktanteilsverschiebungen der Firmen geführt. Wie Marktauswertungen zeigen, ist die umfassende Umsetzung der Verträge jedoch letztendlich an die Abbildung derselben in der Apothekensoftware gekoppelt.

158

Die Auswirkungen für die Industrie sind massiv: Durch die Aut-idem-Regel und die Abbildung in der Apothekensoftware kommt es zu starken Absatz- und Umsatzverschiebungen, die in 2007 nur durch die noch geltende Beschränkung der Aut-idem-Wirkstoffe gebremst wurde. Eine Erweiterung von Aut-idem dürfte den Rabattverträgen zukünftig noch einen weiteren Umsetzungsschub versetzen. Der Einfluss des verordnenden Arztes geht im Rabattvertrag noch weiter zurück.

Die Eintrittsmöglichkeit für globale Anbieter mittels extrem aggressiven Konditionen bei Ausschreibungen limitiert das Potential der einheimischen Hersteller und kann zu ruinösen Rabatthöhen führen. Die Bedeutung von in der Vergangenheit relevanten Stärken einzelner Firmen wie ein Pharma-Außendienst oder eine Markenstrategie steht auf dem Prüfstand.

2.4   Kooperationsverträge – Forschende Hersteller

Die ersten AOK Verträge aus 2006/2007 zeigen für einzelne Wirkstoffe drastische Veränderungen bei Unternehmen, die den Zuschlag bekommen haben. Dies veranschaulicht das Beispiel von Simvastatin.

Sales Simvastatin-Isis (Actavis) AOK

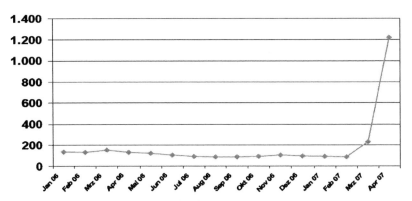

Abb. 4: Verkaufszahlen von Simvastatin-Isis
Quelle: IMS Auswertungen

Es stellt sich die Frage, ob die Ergebnisse der ersten AOK-Verträge mit generischen Substanzen auch auf die forschende Industrie übertragen werden können.

Dies insbesondere vor dem Hintergrund, dass bislang nur vereinzelte Verträge mit forschenden Herstellern abgeschlossen wurden. Hier liegt der Schwerpunkt auch auf klassischen Rabattverträgen, etwa um die die Erstattungsfähigkeit herzustellen wie bei den Insulinanaloga, oder um Patentabläufe zu „verlängern" wie bei Risperdal und Zyprexa. Andere Modelle haben zum Ziel, Zuzahlungen der Patienten bei festbetragsgeregelten Produkten zu vermeiden, wie etwa bei Sortis. Innovative Vertragskonzepte, die nicht alleine den Rabatt in den Vordergrund stellen, wurden beispielsweise von Novartis abgeschlossen. Hierbei steht die Überzeugung bezüglich der Qualität der seiner Präparate im Mittelpunkt, so dass im Falle des Therapieversagens die Kosten der Medikamente wieder an die Krankenkassen zurückerstattet werden. Basierend auf diesem Konzept wurden so genannte Erfolgsgarantie-Verträge zu Aclasta mit der Barmer Ersatzkasse und der DAK abgeschlossen. Ein vergleichbarer Vertrag zu den Immunsuppressiva von Novartis wurde mit der DAK abgeschlossen.

Hinsichtlich der Auswirkungen der Verträge sprechen verschiedene Aspekte für und gegen solche Verträge. Positiv aus Sicht der Industrie sind sicherlich die zu erzielenden Umsatzsteigerungen aufgrund der Listung der Präparate, die gemeinsamen Marketingmaßnahmen der Kassen und des Unternehmens, und vor allem die Anreize für den Arzt, aufgrund der Herausnahme aus der Wirtschaftlichkeitsprüfung das Präparat zu verschreiben. Kritisch gesehen wird insbesondere, dass erhebliche Umsatzverluste für die gesamte Vertragslaufzeit drohen, wenn Unternehmen nicht berücksichtigt wurden und somit keine Listung der Produkte stattgefunden hat. Dies trifft insbesondere in den Fällen zu, in denen Präparate als austauschbar betrachtet werden.

3. „Stolpersteine" in der Umsetzung – Handlungsbedarf

Das Interesse der Industrie am Abschluss solcher Verträge wird maßgeblich davon beeinflusst, wie zukünftig die Regelungen des GKV-WSG in der täglichen Praxis umgesetzt werden. Hier gibt es noch zahlreiche ungeklärte Punkte, die sich als Stolpersteine der weiteren Entwicklung erweisen können.

Die technische Umsetzung der Informationen für den Arzt und Apotheker ist unerlässlich. Hierbei muss insbesondere bei der Arztsoftware sichergestellt sein, dass der Arzt immer die aktuelle Information hinsichtlich abgeschlossener Verträge zur Verfügung hat. Auch der Einfluss beziehungsweise die Rolle der Kassenärztlichen Vereinigungen bei der Umsetzung der Verträge muss geklärt sein. Hier ist es wichtig, dass die KV die Umsetzung der angeschlossenen Verträge unterstützt. Der wichtigste Aspekt aus Sicht der forschenden Hersteller ist aber sicherlich, in welcher Form die Rabattverträge bei der Wirtschaftlichkeitsprüfung berücksichtigt werden. Hier herrscht offensichtlich immer noch

eine große Unklarheit, wie dieser Abschnitt des GKV-WSG umgesetzt werden
soll. Die Fragen sind hier:
- Werden die Rabattverträge berücksichtigt?
- Wenn ja, wann werden sie berücksichtigt? Vor oder nach Einleiten des
  Prüfverfahrens?
- In welcher Form werden die Rabattverträge berücksichtigt? Als
  Pauschalabzug oder durch individuelle Bereinigung der Budgets?

Außerdem sollte möglichst schnell Klarheit geschaffen werden, welche
Gerichte zuständig sind (Vergabekammern oder Sozialgerichte) und ob eine
Ausschreibung - auch für patentgeschützte Präparate - notwendig ist.

Aus Sicht der Generikaanbieter hält die derzeitige Aut-idem-Regel viele
Fallstricke bereit, da die Hinterlegung der Austauschbarkeit in der Apothekensoftware an die Übereinstimmung der Indikationen geknüpft ist. Auch nach der
geplanten Ausweitung der Aut-idem-fähigen Wirkstoffe bleibt die Herausforderung, bei wirkstoffgleichen Arzneimittel eine sinnvolle Bewertung der
jeweiligen Indikationen vorzunehmen.

Für den Arzt kommt es zunehmend zu Unsicherheiten, da er zwar die
Listenpreise der Rabattarzneimittel kennt, nicht aber die echten Kosten, die
seine Verordnungen verursachen. Die Rabattsätze sind nicht veröffentlicht, so
dass der Arzt nicht wissen kann, ob ein höherpreisiges Arzneimittel für die
Krankenkasse nicht doch die günstigere Verordnungsalternative darstellt. Die
Krankenkassen scheuen sich zudem, Rabattarzneimittel generell aus der
Wirtschaftlichkeitsprüfung herauszunehmen, da sie Mengenzunahmen be-
fürchten.

Im Zusammenspiel von Arzt und Apotheke liegt ein weiterer Knackpunkt, da
der Arzt im ungünstigsten Fall nicht weiß, welches Arzneimittel seinen
Patienten in der Apotheke ausgehändigt wird.

4. Ausblick und Rolle der Pharmaindustrie

Sowohl integrierte Versorgungskonzepte als auch Vertragskonzepte zwischen
Kassen und Industrie werden in der Zukunft eine bedeutende Rolle in der der
Gesundheitsversorgung in Deutschland spielen.

Die Pharmaindustrie muss es in diesem Zusammenhang erreichen, sich aus
der jetzigen eher passiven Rolle als Geldgeber, Rabattgewährer und reinem
Arzneimittellieferanten hin zu einem Partner und Gestalter im Gesundheitswesen zu entwickeln, der gemeinsam mit den Krankenkassen und anderen
Leistungserbringern Lösungen für innovative Behandlungskonzepte erarbeitet
und entwickelt. Das Geschäftsmodell der pharmazeutischen Industrie wird sich
den veränderten Bedingungen anpassen müssen. Beispielsweise wird die

Bedeutung des regulären Außendienstes abnehmen, wohingegen der Aufbau eines Key-Account Managements für Krankenkassen hilfreich sein wird. Zuvor muss jedoch seitens der Politik eine grundsätzliche Weichenstellung im Arzneimittelbereich erfolgen, um die aktuelle Unvereinbarkeit von vermehrtem Wettbewerb über Rabattverträge mit den weiterhin angewendeten Regulierungsinstrumenten wie Festbeträge, Zuzahlungsgrenzen etc. zu beenden und der Industrie hinsichtlich der Rahmenbedingungen Planungssicherheit zu geben.

So wird sichergestellt, dass in Zukunft innovative Therapiekonzepte ganzheitlich im Sinne unserer Patienten entwickelt werden.

Möglichkeiten und Chancen der Beteiligung von pharmazeutischen Unternehmen an neuen Versorgungsformen

Andreas Penk, Peter Marx, Christine Haag; Pfizer Deutschland GmbH

1. Die pharmazeutische Industrie im sich verändernden Gesundheitsmarkt

Die traditionelle Rolle der pharmazeutischen Unternehmen im Gesundheitswesen ist im Wandel. Bisher konzentrierte sich die pharmazeutische Industrie vor allem auf die Erforschung, klinische Entwicklung und Vermarktung von Arzneimitteln. Im Vordergrund stand daher die Zusammenarbeit mit Wissenschaftlern, Forschungsinstituten sowie Anwendern der neu entwickelten Arzneimittel in Krankenhäusern und Arztpraxen. Pharmaunternehmen, die scheinbar losgelöst vom Prozess der Gesundheitserbringung des gesetzlichen Gesundheitswesens ihre unternehmerischen Wertschöpfungsprozesse optimieren, wurden als Kostentreiber wahrgenommen und unterlagen in regelmäßigen Abständen regulierenden Eingriffen. Zum bisherigen Verständnis passt auch, dass Arzneimittelhersteller keine Leistungserbringer im Sinne des Fünften Buches des Sozialgesetzbuches (SGB V) sind – so können sie z. B. nicht als unmittelbare Vertragspartner an der integrierten Versorgung beteiligt werden.

Die traditionelle Perspektive von pharmazeutischen Unternehmen ist unter verschiedenen Gesichtspunkten rückwärtsgewandt, sie bedarf einer grundsätzlichen Betrachtung, wenn man die Chancen im sich verändernden System nutzen will. Einerseits zeigt sich in der Gesundheitspolitik eine immer stärkere Tendenz zur schrittweisen Ablösung gemeinsamer und einheitlicher Regelungen für alle gesetzlichen Krankenkassen durch selektive Verträge. Sie stellt einen Übergang von der Anwendung sektorgebundener kollektivrechtlicher Regelungsinstrumente hin zur aktiven Versorgungsgestaltung auf Basis von Einzelverträgen mit den jeweiligen Beteiligten dar. Andererseits entscheiden im Arzneimittelbereich zunehmend immer mehr Beteiligte unmittelbar über eine zielgenaue Anwendung von Arzneimitteln, deren Erstattungsbedingungen und Finanzierungsoptionen z. B. durch Tarifgestaltung oder Zuzahlungen. Für die Anbieter innovativer Behandlungsoptionen entstehen hier wichtige Kooperationspartner. Denn ein innovatives Arzneimittel kann erst dann den bestmöglichen therapeutischen oder ökonomischen Nutzen erbringen, wenn relevante Faktoren im Versorgungssystem unterstützend und koordinierend wirken, z. B. durch Zielführende Diagnosealgorithmen oder die Abstimmung von medikamentösen mit nichtmedikamentösen Behandlungen.

Innerhalb dieses andauernden Wandels entwickeln sich gesetzliche Krankenkassen immer weiter vom Leitbild der öffentlich-rechtlichen Verwaltung zu unternehmerischen Gestaltern von Versicherungs- und Gesundheitsleistungen. Es entsteht ein Wettbewerb zwischen den Krankenkassen um differenzierte Leistungen, Qualitäten und Beitragssätze beziehungsweise - unter den Bedingungen des ab 2009 geplanten Gesundheitsfonds - künftig um Zusatzleistungen und Zusatzprämien. Die Weichen dafür sind längst gestellt, denn mit den letzten Reformgesetzen hat der Gesetzgeber in verschiedenen Sektoren des Gesundheitswesens die Möglichkeiten zum Abschluss selektiver Verträge erweitert und erleichtert, z. B. durch einzelvertragliche Optionen und klare Budgetbereinigungsvorgaben. Dass die Beteiligten diese Möglichkeiten vermehrt nutzen, ist unter dem Gesichtspunkt einer evolutorischen Systementwicklung zu begrüßen. Auf Grundlage dieser Erfahrungen entwickeln sich in der Folge professionelle Strukturen zum Management selektiver Einzelverträge, die einen Übergang von „einfachen" Rabattverträgen zu komplexen Vertragsformen vollziehen. Stehen bei einfachen Rabattverträgen kurzfristige Preis- oder Kostenüberlegungen im Vordergrund, so beinhalten komplexe Verträge auch eine Qualitätsdimension. Zudem etablieren sich neue Player im Markt, die differenzierte Leistungsangebote mit verschiedenen Akteuren gemeinsam entwickeln und die Möglichkeiten der neuen Versorgungsformen zur Entwicklung vielversprechender Segmente im Gesundheitsmarkt nutzen. Für pharmazeutische Unternehmen entstehen daher – zusätzlich zu den traditionellen Ansprechpartnern – neue Möglichkeiten sich aktiv einzubringen, um die Arzneimittelversorgung optimal zu gestalten.

Nach den Vorstellungen der politischen Entscheidungsträger sollte durch die so genannten neuen Versorgungsformen die sektorübergreifende und/oder fachübergreifende Versorgung unter den Aspekten von Qualität und Wirtschaftlichkeit verbessert werden. Im Verlauf mehrerer Reformschritte der letzen Jahre können heute die integrierte Versorgungsform nach §§ 140 a-d SGB V, Strukturverträge (§ 73 a SGB V), Modellvorhaben (§§ 63-65 SGB V) sowie Strukturierte Behandlungsprogramme/Disease Management Programme (§ 137 f-g SGB V) darunter subsumiert werden. Durch erweiterte Vertragsoptionen und die seit 2004 gesetzlich verankerte Anschubfinanzierung ist die Zahl der Verträge zu integrierten Versorgungsformen von 613 im ersten Quartal 2005 auf 5.069 im vierten Quartal 2007[1] angestiegen. Zahlreiche Vertragsabschlüsse betreffen relativ einfache Vertragskonstruktionen, deren qualitatives Veränderungspotenzial eher begrenzt ist. Nach Auffassung vieler Experten ist das Potenzial der integrierten Versorgung sowohl im Hinblick auf eine Qualitätsverbesserung als auch auf eine höhere Effektivität der Gesundheitsversorgung bei Weitem nicht ausgeschöpft. Auch der Sachverständigenrat

---

[1] http://www.bqs-register140d.de/

zur Begutachtung der Entwicklung im Gesundheitswesen kommt in seinem Gutachten von 2007 zu einer entsprechenden Schlussfolgerung: „Obgleich mittlerweile (Ende erstes Quartal 2007) alleine zu den integrierten Versorgungsformen nach § 140a-d SGB V ca. 3.500 Anträge vorliegen und sich hier auch bei einigen ‚Leuchtturmprojekten' gewisse Erfolge abzeichnen, vermag eine Zwischenbilanz des bisher Erreichten unter gesundheitlichen und ökonomischen Aspekten noch nicht zufrieden zu stellen."[2] Scheinbar gelingt es den vom Gesetzgeber vorgesehenen Vertragsparteien nur sehr mühsam, struktur- und qualitätsverbessernde Verträge zu schließen. Vertragspartner von neuen Versorgungsformen sind niedergelassene Ärzte, Krankenhäuser oder Reha-Kliniken – eine unmittelbare Beteiligung von privaten Unternehmen, z. B. der Diagnostikindustrie, Medizintechnik oder Pharmaindustrie ist nicht vorgesehen. Da die neuen Versorgungsformen jedoch eine größere Gestaltungsvielfalt als das Kollektivsystem für neuartige Versorgungsprozesse bieten, könnte ihr Potenzial für das Gesundheitswesen durch eine stärkere Einbindung der pharmazeutischen Industrie aller Voraussicht nach besser ausgeschöpft werden. Insbesondere könnte dies dadurch geschehen, dass sich in neuen Versorgungsformen neue Behandlungs-, Kommunikations- und Versorgungsprozesse gemeinsam entwickeln lassen und somit die traditionellen Leistungserbringer von den Managementkompetenzen privater Unternehmen profitieren können.

Wegweisend für eine derartige Entwicklungsrichtung könnte das Modell der Public-Private-Partnership (PPP) sein. Bisher haben sich Modelle der PPP überwiegend bei Infrastrukturinvestitionen z. B. im Großprojektbereich, Bau-, Straßen- und Immobiliensektor etabliert. Dieses Modell wird inzwischen verstärkt auf internationaler Ebene im Zusammenhang mit Nachhaltigkeitsstrategien sozialer Sicherungssysteme diskutiert. Auch für das Gesundheitswesen können sich aus diesem Konzept zukunftsweisende Formen der Kooperation zwischen privaten Unternehmen und dem öffentlichem Sektor ergeben. Im deutschen Gesundheitswesen werden bestimmte Formen der PPP ansatzweise verfolgt, etwa bei der Finanzierung von Krankenhäusern oder der gemeinsamen Einrichtung von Forschungsinstituten. Kaum Erfahrungen gibt es dagegen bei projektgebundenen PPP (Projekt-PPP) in der ambulanten Versorgung oder öffentlichen Gesundheitsprogrammen – also einer Zusammenarbeit zwischen privaten und öffentlich-rechtlichen Partnern auf Projektbasis, durch die beide Parteien ihre eigenen Zielsetzungen gemeinsam besser erfüllen können als einzeln. Hier kommen insbesondere neue Versorgungsformen in Betracht.

---

[2] Sachverständigenrat zur Begutachtung der Entwicklung im Gesundheitswesen (2007): Kooperation und Verantwortung – Voraussetzungen einer zielorientierten Gesundheitsversorgung. Gutachten 2007, S. 276.

2. Optionen und Ansatzpunkte für die Beteiligung an neuen Versorgungsformen

Das deutsche Gesundheitssystem folgt einer historisch gewachsenen sektoralen Gliederungslogik. Für die meisten Einzelsysteme, wie ambulante Versorgung, stationäre Versorgung, Rehabilitation und Pflege, gelten jeweils spezifische Regulierungen, die im Systemverbund zu erheblichen Ineffizienzen führen. Integrierte Versorgungsformen und neue Versorgungsmodelle können dann zu besseren medizinischen Ergebnissen oder einer kostengünstigen Versorgung führen, wenn sie die sektorale Gliederung überwinden. Voraussetzung dafür ist, dass sie unter dem Gesichtspunkt der Wertschöpfungskette der Versorgungs- prozesse organisiert werden können. Der Vorteil solcher Systeme liegt darin, dass die Beiträge einzelner Leistungen bzw. Prozessverbesserungen zum Gesamtergebnis erfasst, transparent gemacht, bemessen und preislich bewertet werden. Die Auswirkungen einzelner Maßnahmen, sei es durch Verbesserung der Koordination von Abläufen, Beschleunigung des Informationsstandes Einzelner oder des Gesamtverbundes wie auch Beiträge von unterstützenden medizinischen Entscheidungssystemen auf die medizinischen Behandlungs- ergebnisse und den personellen oder zeitlichen Ressourceneinsatz können ermittelt werden. Nur dadurch sind Schwachstellen ermittelbar und eine kontinuierliche Prozess- und Ergebnisverbesserung möglich. Daher können integrierte Versorgungssysteme eine Keimzelle für die Entwicklung von spezifischen Lösungsansätzen und Dienstleistungen sein, in die verschiedene Akteure ihre Leistungen einbringen können, solange sie die Effizienz und Effektivität des definierten Ergebnisses verbessern. Durch die Ausrichtung auf Versorgungsziele, eine klare Definition der Behandlungsprozesse und eine entsprechende Dokumentation entsteht zugleich eine Plattform für neue Formen der Zusammenarbeit.

Unter diesen Gesichtspunkten steht Unternehmen der pharmazeutischen Industrie eine Mehrzahl von theoretisch denkbaren Optionen für die Beteiligung an neuen Versorgungsformen zur Verfügung. In Abbildung 1 werden einige Beteiligungsformen mit unterschiedlichem Komplexitätsgrad charakterisiert, wobei jede Kooperationsform einen eigenen Ausgangspunkt darstellen kann, der sich in eine andere Form weiterentwickeln kann.

Rabattverträge zwischen Unternehmen und Krankenkasse § 130 a (8) SGB V	Arzneimittel-Management	Entwicklungs-partner für Kooperationen	Anbieter von Systemlösungen
• Kurzfristig, fiskalisch motiviert (z. B. Marktanteil, Preisverfall, Bezugskonditionen)	• Mittelfristig, output-effizienz getrieben (z. B. Leitlinien, Risikostratifizierung, Optimierung)	• Langfristig, output-, outcome getrieben (z. B. Infarktreduktion, Vermeidung Hospitalisierung)	• Langfristig, wettbewerbs-getrieben (z. B. strategische Vorteile, Qualität, Zielgruppen)
	• Mittlere Investition	• Hohe Investition und Implementierungskos ten	• Hohe Investition und Entwicklungsrisiko

Abb. 1: Optionen der pharmazeutischen Industrie für die Beteiligung an der Gestaltung von neuen Versorgungsformen.

Rabattverträge dienen in der Regel der kurzfristigen Kostendämpfung im Arzneimittelbereich, indem Krankenkassen mit Pharmaherstellern Preis-nachlässe kassenindividuell vereinbaren. Da von dieser Vertragsmöglichkeit vor 2006 kaum Gebrauch gemacht wurde, hat der Gesetzgeber im Rahmen des Arzneimittelversorgungs-Wirtschaftlichkeitsgesetzes (AVWG) und insbe-sondere mit dem GKV-Wettbewerbsstärkungsgesetz (GKV-WSG) die Anreize zum Vertragsabschluss für Ärzte, Patienten und Krankenkassen erweitert. So können Krankenkassen die Verordnungen von rabattierten Arzneimitteln von der Wirtschaftlichkeitsprüfung freistellen und die Zuzahlung für Patienten reduzieren. Die praktische Umsetzung wurde dadurch erleichtert, dass Apotheker im Rahmen der sog. „aut-idem"-Substitution seit dem 1. April 2007 verpflichtet sind, stets dasjenige wirkstoffgleiche Präparat auszuhändigen, für das ein Rabattvertrag abgeschlossen wurde – unabhängig davon, ob dieses Präparat zu den drei preisgünstigsten Arzneimitteln gehört.

Die neu eingeführten Regelungen zeigten bereits kurzfristig Wirkung. Während in den Jahren 2003 bis 2006 nur wenige Kassen Rabattverträge als Instrument der Ausgabensenkung nutzten, stieg die Zahl der abgeschlossenen Verträge im Jahr 2007 stark an. Bisher überwiegen jedoch „reine" Rabattverträge im Marktsegment der generischen Wirkstoffe, die keine Qualitätsaspekte in der Versorgung als tragendes Vertragselement beinhalten. Als Vertragsformen haben sich mehrere Typen herausgebildet. Zum einen existieren regionale oder bundesweite Tenderverträge, die einzelne Wirkstoffe oder Teilsegmente bei verschiedenen Herstellern abdecken, wie es z. B. bei den Verträgen der AOK aus dem Jahr 2007 der Fall ist. Die Alternative hierzu bilden die so genannten Portfolioverträge, die Produktgruppen oder Gesamtsortimente eines Herstellers umfassen, wie z. B. die ersten Verträge der Ersatzkassen (z. B. Barmer und Techniker Krankenkasse). Für die Krankenkassen, die mit zunehmendem Wettbewerbsdruck insbesondere im Rahmen der Vorbereitung auf den Gesundheitsfonds konfrontiert sind, sind derartige Verträge daher ein favorisiertes Instrument der Kostensenkung und impliziten Verordnungssteuerung.

Der durch diese Vertragsformen entstandene Wettbewerb bezieht sich bisher hauptsächlich auf den Parameter Preis, in der Umsetzungspraxis hat sich auch die Lieferfähigkeit als kritischer Punkt herausgestellt. Weitere Möglichkeiten der Vertragsgestaltung, insbesondere Anreize für Investitionen in die Verbesserung der Versorgungsprozesse oder Behandlungsqualität, wurden bislang kaum genutzt. Nachdem im Markt der patentfreien Wirkstoffe offensichtlich ein Großteil der Einsparungsreserven abgeschöpft ist, vollzieht sich schrittweise ein Wandel hin zu komplexeren Verträgen. Diese Verträge enthalten Ansätze der Versorgungsoptimierung oder können in Behandlungspfade von Netzen der integrierten Versorgung eingebettet werden.

Diese Entwicklung ist zu begrüßen. Allerdings erfordert eine derartige Entwicklung eine neue Form der Kooperation und Interaktion zwischen den Vertragspartnern. Ein Beispiel für die Öffnung einer qualitativen Dimension in Versorgungsverträgen zwischen einer Krankenkasse und Pharmaunternehmen ist die Vereinbarung zwischen Pfizer und der Deutschen BKK zu einem Präparat zur Senkung des Blutfettes Cholesterin (Wirkstoff: Atorvastatin). Anders als zahlreiche Rabattverträge zwischen Herstellern und Kassen schränkt diese Vereinbarung die Therapiealternativen des Arztes nicht ein, sondern erweitert sie. Denn durch diese Kooperation wird die Verordnung eines bestimmten Herz-Kreislauf-Präparates auf solche Patienten gelenkt, die bei der Krankenkasse versichert sind und nach Auffassung beider Vertragspartner von der Therapie mit dem betreffenden Präparat besonders profitieren. Als besondere Leistung müssen diese Patienten keine Aufzahlung für den über dem Festbetrag liegenden Preis leisten. Beide Partner wirken auf die Einhaltung der vereinbarten Bedingungen und einen indikations- und patientengerechten Einsatz hin. Zum Nutzen der Patienten gestaltet Pfizer mit der Deutschen BKK so eine sinnvolle, patientenorientierte medizinische Versorgung aktiv und kooperativ mit. Damit könnte dieses Modell auch wegweisend für einen kooperativen und partnerschaftlichen Umgang mit Innovationen sein.

Eine weitere Möglichkeit für die Einbindung von pharmazeutischen Unternehmen in die Versorgungsgestaltung eröffnet sich im Bereich eines präparate- oder krankheitsübergreifenden Arzneimittel- und Verordnungsmanagements. Bei solchen Kooperationsformen können Krankenkassen und

Gesundheitsanbieter von dem Therapie-know-how der Unternehmen in entsprechenden Krankheitsgebieten profitieren. Gerade diese Ressource bietet große Potenziale zur Verbesserung des Behandlungsprozesses. Beispielsweise können medizinische therapie- und entscheidungsunterstützende Systeme, wie z. B. praxisorientierte IT-Supportsysteme, einen wichtigen Beitrag zur Verbesserung des individuellen Case-Managements leisten, etwa durch eine risikoadjustierte Arzneimitteltherapie bei Herz-Kreislauf-Erkrankungen. Pfizer hat in Zusammenarbeit mit Experten, Wissenschaftlern und praktizierenden Ärzten derartige anwendungsfähige Systeme für komplexe Krankheitsbilder, wie z. B. Diabetes[3], Herz-Kreislauf-Erkrankungen[4] und chronischen Schmerz[5] entwickelt. Die Systeme bieten dem behandelnden Arzt eine zielgerechte Analyse der Versorgung, z. B. auf Basis entsprechender klinischer Parameter.[6] Durch den Vergleich von Behandlungsergebnissen mit medizinischen Therapieleitlinien können Fehlentwicklungen behoben und eine Therapie-optimierung umgesetzt werden. Darüber hinaus ist über eine derartig entwickelte Software eine umfassende Erfassung und Dokumentation sichergestellt, die auch der Qualitätssicherung und einem kontinuierlichem Qualitätsmanagement dient.

3. Möglichkeiten zur Weiterentwicklung von Kooperationsformen

Ziel aller Beteiligten sollte es sein, innovative Systemlösungen für die künftigen Herausforderungen im Gesundheitswesen zu entwickeln. In verschiedenen Bereichen des öffentlichen Gemeinwesens, etwa im Bildungssystem, bei Infrastrukturmaßnahmen und in Teilbereichen des Gesundheitssystems, werden immer stärker Modelle der Kooperation zwischen dem öffentlichen und privatwirtschaftlichen Sektor als Leitbild diskutiert. Hier wird die Auffassung vertreten, dass solche „Public-Private-Partnership"-Ansätze einen Rahmen bieten könnten, der vielfältige Lösungsmöglichkeiten zur Bewältigung der gemeinsamen Zukunftsaufgaben ermöglicht, die sich im deutschen

---

[3] Caßens S et al. (2007): „Globalbetrachtung Diabetes – GloDi™" ein Instrument zur Erhebung und Darstellung des Diabetes mellitus mit seinen Begleit- und Folgererkrankungen. In: Diabetologie und Stoffwechsel 2007, Jahrgang 2, Heft S 1, P127.

[4] Geller J C et al. (2007): Achievement of guideline-defined treatment goals in primary care: the German Coronary Risk Management (CoRiMa) study. In: European Heart Journal (2007) 28, 3051-3058.

[5] Freynhagen R et al. (2006): painDETECT – a new screening questionnaire to identify neuropathic components in patients with back pain. In: Current Medical Research and Opinion, Volume 22, 1911-1920(10).

[6] Brosz M et al. (2007): Analysen zur Versorgungssituation auf Basis ärztlich erhobener Routinedaten aus Praxisverwaltungssystemen. In: Gesundheitsökonomie und Qualitätsmanagement; 12: 225-228.

Gesundheitswesen bisher nicht etabliert haben. Mit einer Entwicklung, in der sich der Gesetzgeber aus der Detailregulierung des Gesundheitswesens hin zum Gestalter eines Ordnungsrahmens bewegt, könnte hier eine interessante Zukunftsperspektive eingeleitet werden.

Als Beispiel für eine Form der Public-Private-Partnership (PPP) im Gesundheitswesen – als projektbezogene PPP – kann die „Initiative für Demenzversorgung in der Allgemeinmedizin" (IDA)[7] betrachtet werden. Dabei handelt es sich um ein Modellprojekt, das Pfizer gemeinsam mit dem Unternehmen Eisai sowie dem AOK-Bundesverband und der AOK Bayern Mitte 2005 als gemeinsame Projektträger ins Leben gerufen hat. Bei diesem einmaligen Modellprojekt der Versorgungsforschung betreuen 129 Hausärzte in der Region Mittelfranken 390 demente Patienten und ihre pflegenden Angehörigen über einen Zeitraum von zwei Jahren. Untersucht wird, mit welchen zusätzlich zur evidenzbasierten Standardbehandlung angebotenen nicht-medikamentösen Versorgungs- und Unterstützungsangeboten vor Ort die Behandlung von Demenzkranken sowie die Betreuung ihrer Angehörigen verbessert werden kann. So soll auf wissenschaftlicher Grundlage in Erfahrung gebracht werden, wie Demenzpatienten in ihrer häuslichen Umgebung am besten versorgt und Einweisungen in ein stationäres Pflegeheim effektiv verzögert werden können.[8] IDA ist nicht nur ein Kooperationsprojekt, das sich dem wichtigen gesellschaftlichen Thema der Alzheimer-Demenz widmet, es zeichnet sich vor allem durch die direkte Kooperation von forschenden pharmazeutischen Unternehmen und gesetzlichen Krankenkassen aus. Die vier Projektträger haben das zur Erprobung stehende Versorgungskonzept gemeinsam entwickelt, sie finanzieren die IDA-Initiative zu gleichen Teilen und arbeiten bei der Umsetzung des Projektes operativ eng zusammen. Damit kann IDA auch als ein Modellprojekt dafür gesehen werden, wie Kooperationen der Zukunft aussehen könnten. Ausgehend von einer gemeinsamen Fragestellung und Zielsetzung haben die Projektträger wertvolle Kompetenzen, Know-how und Ressourcen eingebracht. Um ein indikationsbezogenes Versorgungs- management im Sinne einer komplexen „Systemlösung" aufzubauen, haben die Projektträger eine Vielzahl weiterer Kooperationspartner einbezogen: Wissen- schaftler, Hausärzteverband, Kassenärztliche Vereinigung, Selbsthilfegruppen und Patientenorganisation.

Ein weiteres Beispiel ist die Zusammenarbeit von Pfizer mit dem „Gesunden Kinzigtal", das sich seit September 2005 zu einem deutschlandweit vorbildlichen Modell der populationsorientierten integrierten Versorgung

---

[7] Siehe auch www.projekt-ida.de

[8] Lauterberg J et al. (2007): Projekt IDA – Konzept und Umsetzung einer cluster- randomisierten Studie zur Demenzversorgung im hausärztlichen Bereich. In: Zeitschrift für ärztliche Fortbildung und Qualität im Gesundheitswesen; 101(1): 21-26.

entwickelt hat.[9] Das „Gesunde Kinzigtal" ist bisher das erste populations-
bezogene Integrationsmodell seiner Art in Deutschland, das sich in der
Umsetzung befindet. Damit gilt es als Testfall für die künftige Ausrichtung des
Gesundheitssystems von einem kollektivrechtlich-regulierten System in
Richtung zu kleinen, managementfähigen Leistungsverbünden, die ihre
Ressourcen effizienter einsetzen und den Gesundheitsoutput besser optimieren
können als das vorherrschende System. Da das „Gesunde Kinzigtal" über einen
Zeitraum von neun Jahren realisiert wird, stehen nicht ausschließlich kurzfristige
Einsparungen bei der Gesundheitsversorgung, sondern mittelfristige Ausgaben-
und Ergebnisverbesserungen im Vordergrund. Ein besonderes Augenmerk wird
dabei auch auf Gesundheitsförderung und Prävention gelegt. So soll
beispielsweise ein Ernährungs- und Bewegungsprogramm vermeiden, dass
Krankheiten überhaupt erst entstehen oder fortschreiten.

Diesem präventiv ausgerichteten Versorgungskonzept fühlt sich auch Pfizer
verpflichtet. Deshalb arbeitet das Unternehmen mit dem „Gesunden Kinzigtal"
im Rahmen eines innovativen Projektes zur Rauchentwöhnung unter dem Motto
„Rauchfreies Kinzigtal" zusammen. Im „Rauchfreien Kinzigtal" werden die
Bedingungen für ein ideales System zur erfolgreichen Rauchentwöhnung
geschaffen – von geschulten Ärzten über die Einbindung von Apothekern und
Psychotherapeuten, begleitenden Gewichtsreduktionskursen bis zu moti-
vierenden Kommunikationsmaßnahmen der Gemeinden und der Tourismus-
vereine der Region. Der populationsbezogene Ansatz des Kinzigtal-Modells
erleichtert den Zugang zu Rauchern über verschiedene Wege. Parallel erfolgt
eine wissenschaftliche Evaluation des Angebots durch die Universität Freiburg,
in der Erfolgsfaktoren, Ergebnisse und Kosten der verschiedenen angebotenen
Varianten zur Rauchentwöhnung und vermiedene Kosten fortschreitender
Erkrankungen untersucht werden.

Durch die vernetzte Struktur der Beteiligten ergaben sich ideale
Voraussetzungen für die Umsetzung eines multifaktoriellen Programms zur
Rauchentwöhnung. Das „Gesunde Kinzigtal" zeichnet sich durch ein
professionelles Management sowie durch eine sektorübergreifende und
langfristige Perspektive aus. Sollte sich dieses Modell als ein Erfolg erweisen,
so könnte es schon bald zur Keimzelle für neue Ansätze der regionalen
Gesundheitsversorgung werden, die auch an die Zusammenarbeit mit
pharmazeutischen Unternehmen neue Anforderungen stellen, um im
Wettbewerb Kompetenzen zur Entwicklung von Systemlösungen für spezielle
Krankheitsgebiete zu erwerben. Von besonderem Interesse ist, dass hier
Patienten krankheits- und risikogerecht gezielten Programmen zugewiesen

---

[9] Seiler R (2007): Die Schwarzwaldformel – das Modell „Gesundes Kinzigtal". In:
Weatherly et al. (Hrsg.): Leuchtturmprojekte Integrierter Versorgung und Medizinischer
Versorgungszentren – Innovative Modelle in der Praxis. Schriftenreihe des
Bundesverbandes Managed Care, 2007, S. 139-149.

werden und Präventionsmedizin systematisch umgesetzt wird. Dies betrifft vor allem lebensstilbezogene Risikofaktoren, die zu Erkrankungen wie Adipositas, Diabetes, Herz-Kreislauf- und Atemwegserkrankungen führen, welche die großen Kostenfaktoren unseres Gesundheitssystems darstellen.

4. Voraussetzungen und Erfolgsfaktoren für innovative Kooperationsformen

Um durch langfristiges Engagement zu einer verbesserten Versorgung beizutragen, ist eine neue Kooperationskultur notwendig. Pharmaunternehmen können mehr leisten als innovative Arzneimittel bereitzustellen. Das Know-how der forschenden Arzneimittelindustrie lässt sich effektiv und zum Vorteil aller Beteiligten im Gesundheitssystem einsetzen.

Wichtige Voraussetzungen für die Entwicklung wirtschaftlicher und tragfähiger Kooperationen sind gemeinsame Ziele und ausreichende Freiräume, um zielbezogen Lösungsansätze zu entwickeln. Zudem sind stabile Rahmenbedingungen für die Projektpartner die notwendige Basis. Eine Kultur der Zusammenarbeit kann sich nur dann entwickeln, wenn sich Kooperationskapital zwischen den Beteiligten bilden kann und Projektpartner aus der gegenseitigen Zusammenarbeit mit verschiedenen Akteuren Effizienz-, Synergie-, Lern- und Organisationsgewinne erzielen können, die zu ihren eigenen Vorteilen - sei es als Anbieter von Leistungen, Versicherungsunternehmen oder Hersteller von Produkten - führen.[10]

Um unser Gesundheitswesen für die Zukunft zu stärken, sind neue Ideen und Denkanstöße aller Akteure gefragt. Davon können alle profitieren: Die Ärzte, indem sie größere Behandlungsmöglichkeiten für ihre Patienten erhalten und in ihrer ärztlichen Tätigkeit eine größere Befriedigung erleben, die Kassen, weil sie im Wettbewerb ihr Leistungsangebot optimieren können und natürlich die Patienten, denn ihre Versorgung verbessert sich durch die nachhaltige Stärkung des Gesundheitssystems.

Forschende Pharmaunternehmen können Module zu innovativen und patientengerechten Behandlungskonzepten bereitstellen und wirken in der Behandlungskette aktiv mit - sie wandeln sich vom Arzneimittelhersteller zum Gesundheitsdienstleister.

---

[10] Budäus D, Grüb B (2007): Ergebnisqualität und Vertrauen als kritische Erfolgsfaktoren von PPP im Gesundheits- und Sozialwesen. In: Sozialer Fortschritt 3/2007, S. 56-64.

„Besondere Versorgungsformen" – Die Sicht der ABDA[1]

Hans-Jürgen Seitz

Der Sachverständigenrat zur Begutachtung der Entwicklung im Gesundheitswesen beschäftigt sich auch im Jahresgutachten 2007 eingehend mit der Verbesserung der Voraussetzungen für eine zielorientierte Gesundheitsversorgung. Die Definition der Gesundheitsziele muss demnach politisch stärker flankiert, national erfolgen. Unterschiedliche Wettbewerbsansätze sollen um die Wege zur Zielerreichung konkurrieren.

In den letzten Jahren rückte deshalb eine Vielzahl sogenannter „besonderer Versorgungsformen" in den Fokus der Entwicklungen im Gesundheitswesen. Was macht diese Versorgung so besonders? In einer Gesamtbetrachtung darf hierbei sicherlich der „Reiz des Neuen und neuer finanzieller Anreizsysteme" gegenüber den im besten Wortsinne etablierten Versorgungsansätzen nicht unterschätzt werden. Gemeinsames Kennzeichen der „besonderen Versorgungsformen" ist eine stärkere Vernetzung der Fachdisziplinen und Behandlungssektoren, um neben der Schaffung lückenloser Behandlungspfade ohne Sollbruchstellen an bisherigen Sektorengrenzen auch die Finanzierungsgrundlagen zu vereinheitlichen. Die gesetzgeberischen Ansätze hierzu aus den letzten Gesundheitsreformen sind äußerst vielfältig.

Die „besonderen Versorgungsformen" bedeuten für alle beteiligten Akteure neue Herausforderungen. Die Leistungserbringer selbst sehen sich unterschiedlichen Gestaltungsansätzen gegenüber. Es lassen sich dabei grundsätzlich drei Stoßrichtungen „besonderer Versorgungsformen" festmachen: 1. primäre Veränderung der ambulanten Versorgung (Strukturverträge, Modellvorhaben, hausarztzentrierte Versorgung, verbesserte ambulante Versorgung), 2. Veränderung des Krankenhaustätigkeitsfeldes durch Öffnung für den ambulanten Bereich und 3. integrative, sektorenübergreifende Versorgungsmodelle (DMP, integrierte Versorgung). Im Ergebnis sind die „besonderen Versorgungsformen" gesteuerte und vom Gesetzgeber ausgelobte Findungsmodelle, um scheinbar spielerisch neue Ansätze – und eventuell auch neue Strukturen – zu entdecken, die getragen von Wettbewerb die Zukunft einer wirtschaftlichen Gesundheitsversorgung garantieren können. Inwieweit sie die bisherigen Versorgungsstrukturen, die auf Kollektivverträge ausgerichtet sind, effektiv substituieren werden, ist bisher noch nicht absehbar.

Für die niedergelassenen Apotheken stellen die „besonderen Versorgungsformen", ihre Vielfalt und der Vertragswettbewerb im Zuge ihrer Umsetzung erhebliche Herausforderungen dar. Allerdings wurden weder die Arznei-

---

[1] Anmerkung: Der Beitrag fokussiert auf die Perspektive der niedergelassenen Apotheken.

174

mittelversorgung noch die Apotheke als eigenständiger Anknüpfungspunkt in Bezug auf „besondere Versorgungsformen" adäquat berücksichtigt. Die Bedeutung der Apotheken für die flächendeckende Arzneimittelversorgung und Beratung der Bevölkerung wird offensichtlich immer noch erheblich unterschätzt. Auch haus- und facharztzentrierte Versorgungsveränderungen sind bisher ohne Apothekenbezug gedacht. Was wäre aber, wenn der ärztlichen Verordnung keine adäquate Arzneimittelabgabe und Beratung folgt? Bietet die Verzahnung mit der Hausapotheke nicht zusätzliche Optimierungsmöglichkeiten, z.b. hinsichtlich pharmazeutischer Dienstleistungen, Präventionsansätzen und der Entdeckung von und des Umgangs mit gesundheitsgefährdenden Risikofaktoren? Was wäre, wenn beispielsweise in der Diabetikerversorgung die strukturierten Behandlungspfade eng flankiert werden würden durch den qualifizierten und engagierten Apotheker vor Ort? Fast hat es den Anschein, dass der Gesetzgeber aufgrund der bisher als überwiegend störungsfrei empfundenen Versorgung der Bevölkerung und des Patienten durch die inhabergeführte Apotheke „nahezu vergessen" hat, sie weitergehend zu berücksichtigen und damit das Potential der Apotheken im Kontext der „besonderen Versorgungsformen" verstärkt zu nutzen.

Einzig im Bereich der Integrationsverträge hat die Apotheke den Status eines originären Vertragspartners. Daher hat die ABDA hier frühzeitig die Apotheken in Bezug auf die Arzneimittelversorgung sowie das pharmazeutische Management klar positioniert. Es ging dabei nicht um Quantität in Bezug auf die Ansätze, sondern um deren Qualität, denn neue Versorgungswege bedürfen für eine Nachhaltigkeit auch gezielter Begleitung unter Steuerung der Struktur-, Prozess- und Ergebnisqualität. Darüber hinaus war es nur so möglich, die vorhandenen Ressourcen effektiv einzusetzen. Voraussetzungen für den Weg in die integrierte Versorgung sind für die ABDA unter anderem ein nachhaltiges, flächendeckendes Vertragskonzept, die Evaluierung der Versorgung und eine konsequente Stärkung der Apotheke als verlässlichen Vertragspartner mit Integrationspotenzial zum Nutzen der Patienten. Einem dabei weiter steigenden patientenorientierten Qualitätswettbewerb stellen sich die Apotheken. Der ABDA ist aber auch bewusst, dass durch diesen nachhaltigen Konzeptansatz zunächst die Zahl der in Betracht kommenden Kostenträger begrenzt sein kann.

Dieser Ansatz hat sich aus unserer Sicht bewährt. Das größte in diesem Zusammenhang zu nennende Projekt wird von der Politik und vielen Dritten als eines der Best-Practice-Beispiele angesehen: der Hausarzt-/Hausapothekenvertrag mit der BARMER Ersatzkasse. Er erstreckt sich auf über zwei Millionen Versicherte und führt ca. 18.500 Apotheken und etwa 38.000 Hausärzte in eine abgestimmte Zusammenarbeit. Den kooperativen Versorgungsansatz bildet das so genannte Hausapothekenmodell, bei dem ein Patient in seiner frei gewählten Hausapotheke ein wohnortnahes, auf ihn zugeschnittenes Betreuungs- und Versorgungsprogramm erhält. Kernelemente dieses Programms sind dabei der

Gesamtüberblick über medikationsrelevante Daten verschreibungspflichtiger und -freier Arzneimittel, die Prüfung von Interaktionen und Doppelverordnungen sowie zusätzliche Daten über behandelnde Ärzte, Grunderkrankungen, Allergien und Unverträglichkeiten. Dies ist eine ausgezeichnete, datengestützte Basis für eine intensivere Beratung, Kooperation und Abstimmung zwischen Patient, Arzt und Apotheke. Der Ansatz der Hausapotheke fördert den verantwortungsvollen, da zielgerichteten und somit wirtschaftlichen Einsatz von Arzneimitteln. Er ist auch hervorragend geeignet, in Kooperation mit anderen Leistungserbringern eine sektorübergreifende, verbesserte Zusammenarbeit weiterzuentwickeln.

Die Apotheken werden sich auch weiterhin konstruktiv mit den Marktbedingungen auseinandersetzen. Hierbei gewinnen die haus- und facharztorientierten Versorgungsmodelle zunehmend an Bedeutung. In diesen Bereichen werden sich die niedergelassenen Apotheken an der Arzneimittelversorgung über § 129 Abs. 5b SGB V verstärkt beteiligen. Das Hausapothekenmodell bietet auch hier eine ausgezeichnete Basis und kann beispielsweise durch spezielle Module für ältere Patienten, chronisch Kranke und multimorbide Menschen erweitert werden. Dies trägt der absehbaren Verschärfung gesellschaftlicher Entwicklungen Rechnung. Diese Angebote zur weiter verbesserten Versorgung und Betreuung der Patienten werden durch Modelle zur weiteren Optimierung einer wirtschaftlichen Versorgung ergänzt. Hierzu hat der Deutsche Apothekerverband u.a. mit dem Zielpreismodell weitere Vorschläge entwickelt, wie die Arzneimittelversorgung flächendeckend, ohne Engpässe und Schlechterstellung der Versorgung noch wirtschaftlicher gestaltet werden kann. Auch dieses Element ist geeignet, kassenspezifisch in „besondere Versorgungsformen" integriert zu werden. Ein weiterer Ausbau wäre durch die Unterstützung wirtschaftlicher Versorgung auch bei möglichen Vertragsweiterentwicklungen zwischen Herstellern und Krankenkassen z.B. bei Indikations- und Risk-Sharing-Verträgen gemäß § 130a Abs. 8 SGB V realisierbar.

Es muss aber festgehalten werden, dass ein ausschließlicher Fokus auf den Wettbewerbsansatz der selektiven Verträge mit hoher Wahrscheinlichkeit zu einer anreizsystem-induzierten Vielzahl lokaler und regionaler, mehr oder weniger stark integrierter Versorgungsansätze führen wird. Eine Zersplitterung der Versorgung durch Einzelverträge birgt jedoch das Risiko, Intransparenz zu schaffen, Risikoselektion zu forcieren und die Transaktionskosten zu erhöhen. Wie hoch ist die Gefahr von Versorgungslücken, die ein Kollektivvertragssystem dann auffangen müsste? Welche Patienten profitieren von neuen Versorgungsansätzen und welche Ansätze sind zielführend, d.h. verbessern die Versorgung im Vergleich zum Status quo ante? Dies sind nur einige der Fragen, die zur Zeit wohl noch nicht adäquat beantwortbar sind. Aus Sicht der ABDA ist deshalb eine vertiefte Evaluierung erforderlich, um festzustellen, inwieweit und welche „besonderen Versorgungsformen" im Interesse der Patienten und Versicherten tragfähig sind.

In der Diskussion um Weiterentwicklungsmöglichkeiten des im internationalen Vergleich sehr leistungsfähigen deutschen Gesundheitssystems darf deshalb eine flächendeckende hochwertige Arzneimittelversorgung nicht mehr quasi als Selbstverständlichkeit angenommen werden. Sie muss wertgeschätzt, gepflegt und sichergestellt werden. Die niedergelassenen Apotheken setzen sich konsequent für eine hochwertige und wirtschaftliche Arzneimittelversorgung im Interesse der Patienten und auch der Versicherten ein. Sie haben dabei immer wieder bewiesen, dass sie zur ständigen Weiterentwicklung eines flächendeckenden Versorgungssystems bereit sind. Die niedergelassenen Apotheken sind heute eine niedrigschwellige Anlaufstation für täglich etwa vier Millionen Patienten, mit einem gesetzlichen Kontrahierungszwang bei der Versorgung mit Arzneimitteln. Über 2.000 Apotheken versorgen mehr als 20.000 Patienten im täglichen Nacht- und Notdienst. Dieses breite, hier nur beispielhaft angesprochene Leistungsspektrum wird für lediglich 2,6% der Leistungsausgaben der Gesetzlichen Krankenversicherung erbracht und sichergestellt. Die kollektivvertragliche Versorgung mit Arzneimitteln aus der Apotheke bietet damit im Sinne des präventiven Verbraucherschutzes ein Höchstmaß an Arzneimittelsicherheit und ist bereits heute patientenorientiert, flexibel und effizient.

Richtigerweise sind die Patientinnen und Patienten nicht länger nur passive Bezieher von Sachleistungen, sondern erhalten immer stärker die Möglichkeit, individuelle Gesundheitsverantwortung zu übernehmen. Allerdings müssen Sie hierzu in der Lage sein oder in diese gebracht werden. Ohne entsprechendes Versorgungswissen können Wahlmöglichkeiten jedoch nicht bewusst in Anspruch genommen werden. Hinzu kommt, dass „besondere Versorgungsformen" in diesem Zusammenhang von Krankenkassen schrittweise verstärkt auch als Differenzierungs- und Markenbildungsinstrument eingesetzt werden dürften, einschließlich aller damit verbundenen Chancen und Risiken. Die flächendeckend aufgestellte Apotheke mit ihren aufgezeigten Handlungsmöglichkeiten kann etablierende Steuerungs- und Beratungsfunktion für gute Vertragskonzepte übernehmen und damit einen weiteren Beitrag zur Stärkung der Eigenverantwortung der Patientinnen und Patienten leisten. Die Apotheke würde hierdurch die Akzeptanz dieser Modelle und deren Umsetzungserfolg erhöhen.

Die Arzneimitteldistribution im Wandel

Thomas Trümper

1. Allgemeine Zahlen und Fakten:

Bundesverband des pharmazeutischen Großhandels – PHARGO e.V.

16 Mitgliedsfirmen, davon
    4 bundesweite Niederlassungsnetze
    12 regionale Großhändler

110 Niederlassungen in Deutschland

84% aller Artikel, die in Apotheken verkauft werden, werden vom Großhandel geliefert.

4077887   ausgelieferte Arzneimittelpackungen pro Tag
1223366134 ausgelieferte Arzneimittelpackungen pro Jahr

- 1500 Hersteller und Lieferanten
- 21550 öffentliche Apotheken
- 100000 Artikel an Lager
- 45 Minuten zwischen Auftragseingang und Bereitstellung der Ware
- 98% vollelektronische Auftragsverarbeitung und Statusmeldung

2. Arzneimittelpreisverordnung – Fakten und Kurioses

Degressiver Spannenverlauf für GH
    bis 3,00€   →   Spanne 15%
    bis 1200€   →   Spanne 6%
    über 7,20€   →   Fixbetrag
Tatsache: Spanne derzeit 6,10%!

Schlussfolgerung: hochpreisige Produkte bestimmen die Spanne.

Fa. Heumann, Glimipirid 1 mg:
Abgabepreis zum 07.10.2007   1,05€
Neuer Preis   0,03€

Nach AMPreisV: Marge 15% = 0,0045€
                       faktisch   = 0,00€!

3.   Arzneimittelpreisverordnung aus Sicht der VFA-Firmen

Beispiel N.N.:

250 Produkte im deutschen Markt
2,67€ GH-Spanne pro Packung
Zur Erinnerung: 0,00€ Spanne bei Glimepirid!

VFA-Firmen erkennen Handlungsmöglichkeiten im Direktvertrieb:
* Einsparung der Großhandelsspanne
* Marktkontrolle bis zum POS, damit Ausschluss von Exporten, thematisiert als „Arzneimittelsicherheit"
* Marktregulierung entgegen dem politischen Willen
* VFA-Firmen stehen unter Kostendruck! Fehlende neue Präperate.

4.   DTP-Modell

4.1   Konzept

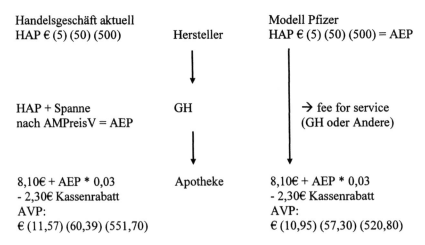

Handelsgeschäft aktuell   Modell Pfizer
HAP € (5) (50) (500)   Hersteller   HAP € (5) (50) (500) = AEP

HAP + Spanne   GH   → fee for service
nach AMPreisV = AEP   (GH oder Andere)

8,10€ + AEP * 0,03   Apotheke   8,10€ + AEP * 0,03
- 2,30€ Kassenrabatt   - 2,30€ Kassenrabatt
AVP: AVP:
€ (11,57) (60,39) (551,70)   € (10,95) (57,30) (520,80)

4.2 Stärken / Schwächen

	Vorteil	Nachteil
Industrie	Warenstromkontrolle Einsparung der Großhandelsspanne	Kapitalbindung Zusätzliche Distributionskosten
Großhandel	Kapitalbindung Keine Erlösschmälerung	Wegfall des einzigen Wettbewerbsinstrumentes Aufgabe der Handelsfunktion Verschiebung der Bilanzrelationen keine Sekundärgeschäfte
Apotheke		eingeschränkte Lieferfrequenz kein Verhandlungsspielraum keine Sekundärgeschäfte Wegfall von Serviceleistungen
Patient		Wegfall der staatlich kontrollierten Arzneimittelsicherheit

5. Arzneimittelsicherheit

- Großhandelslizenz   -   über 2000 Lizenzen
- Versandhandel   -   Verwechslungsgefahr
- Internetverkauf   -   extrem gefährlich
- Abholstellen   -   Nebelkerzen
- Spotmärkte   -   Schizophrenie der Industrie

Verzeichnis der Autoren

Amelung, Volker Prof. Dr.

Managed Care e.V.
Friedrichstraße 136
10117 Berlin

Bovelet, Joachim

Vivantes Netzwerk für Gesundheit GmbH Klinikum Neukölln
Vorsitzender der Geschäftsführung
Oranienburgerstraße 285
13437 Berlin

Dalhoff, Michael Dr.

Bundesministerium für Gesundheit und soziale Sicherung
Ministerialrat
Wilhelmstraße 49
10117 Berlin

Hansen, Leonhard Dr.

Tersteegen Straße 9
40474 Düsseldorf

Hermann, Christopher Dr.

AOK Baden-Württemberg
Stellvertretender Vorsitzender
Heilbronner Straße 184
70191 Stuttgart

Holzgreve, Alfred Prof. Dr.

Vivantes Netzwerk für Gesundheit GmbH Klinikum Neukölln
Regionaldirektor Süd
Rudower Straße 48
12351 Berlin

Jaeger, Hartwig Dr.

Vivantes Netzwerk für Gesundheit GmbH Klinikum Neukölln
Rudower Straße 48
12351 Berlin

Knabner, Klaus Dr.

Kaiserstuhlstraße 3
14129 Berlin

Penk, Andreas Dr.

Pfizer Deutschland GmbH
Pfizerstraße 1
76139 Karlsruhe

Scriba, Peter Prof. Dr. Dr.

Ludwig-Maximilians-Universität München
Med. Klinik Innenstadt
Ziemssenstraße 1
80366 München

Seitz, Hans-Jürgen Dr.

Jägerstraße 49/50
10117 Berlin

Trümper, Thomas Dr.

Andreae-Noris Zahn AG
Solmsstraße 25
60486 Frankfurt

Wille, Eberhard Prof. Dr.

Universität Mannheim
L7, 3-5
68131 Mannheim

Wohlgemuth, Marion Dr.
Novartis Pharma GmbH
Head Market Access
Geschäftsführerin
Roomstraße 25
90429 Nürnberg

Zweifel, Peter Prof. Dr.
Sozialökonomisches Institut der Universität Zürich
Hottingerstraße 10
CH - 8032 Zürich

STAATLICHE ALLOKATIONSPOLITIK IM MARKTWIRTSCHAFTLICHEN SYSTEM

Band 25 Peter Müller: Intertemporale Wirkungen der Staatsverschuldung. 1987.

Band 26 Stefan Kronenberger: Die Investitionen im Rahmen der Staatsausgaben. 1988.

Band 27 Armin-Detlef Rieß: Optimale Auslandsverschuldung bei potentiellen Schuldendienstproblemen. 1988.

Band 28 Volker Ulrich: Preis- und Mengeneffekte im Gesundheitswesen. Eine Ausgabenanalyse von GKV-Behandlungsarten. 1988.

Band 29 Hans-Michael Geiger: Informational Efficiency in Speculative Markets. A Theoretical Investigation. Edited by Ehrentraud Graw. 1989.

Band 30 Karl Sputek: Zielgerichtete Ressourcenallokation. Ein Modellentwurf zur Effektivitätsanalyse praktischer Budgetplanung am Beispiel von Berlin (West). 1989.

ALLOKATION IM MARKTWIRTSCHAFTLICHEN SYSTEM

Band 31 Wolfgang Krader: Neuere Entwicklungen linearer latenter Kovarianzstrukturmodelle mit quantitativen und qualitativen Indikatorvariablen. Theorie und Anwendung auf ein mikroempirisches Modell des Preis-, Produktions- und Lageranpassungsverhaltens von deutschen und französischen Unternehmen des verarbeitenden Gewerbes. 1991.

Band 32 Manfred Erbsland: Die öffentlichen Personalausgaben. Eine empirische Analyse für die Bundesrepublik Deutschland. 1991.

Band 33 Walter Ried: Information und Nutzen der medizinischen Diagnostik. 1992.

Band 34 Anselm U. Römer: Was ist den Bürgern die Verminderung eines Risikos wert? Eine Anwendung des kontingenten Bewertungsansatzes auf das Giftmüllrisiko. 1993.

Band 35 Eberhard Wille, Angelika Mehnert, Jan Philipp Rohweder: Zum gesellschaftlichen Nutzen pharmazeutischer Innovationen. 1994.

Band 36 Peter Schmidt: Die Wahl des Rentenalters. Theoretische und empirische Analyse des Rentenzugangsverhaltens in West- und Ostdeutschland. 1995.

Band 37 Michael Ohmer: Die Grundlagen der Einkommensteuer. Gerechtigkeit und Effizienz. 1997.

Band 38 Evamaria Wagner: Risikomanagement rohstoffexportierender Entwicklungsländer. 1997.

Band 39 Matthias Meier: Das Sparverhalten der privaten Haushalte und der demographische Wandel: Makroökonomische Auswirkungen. Eine Simulation verschiedener Reformen der Rentenversicherung. 1997.

Band 40 Manfred Albring / Eberhard Wille (Hrsg.): Innovationen in der Arzneimitteltherapie. Definition, medizinische Umsetzung und Finanzierung. Bad Orber Gespräche über kontroverse Themen im Gesundheitswesen 25.-27.10.1996. 1997.

Band 41 Eberhard Wille / Manfred Albring (Hrsg.): Reformoptionen im Gesundheitswesen. Bad Orber Gespräche über kontroverse Themen im Gesundheitswesen 7.-8.11.1997. 1998.

Band 42 Manfred Albring / Eberhard Wille (Hrsg.): Szenarien im Gesundheitswesen. Bad Orber Gespräche über kontroverse Themen im Gesundheitswesen 5.-7.11.1998. 1999.

Band 43 Eberhard Wille / Manfred Albring (Hrsg.): Rationalisierungsreserven im deutschen Gesundheitswesen. 2000.

Band 44 Manfred Albring / Eberhard Wille (Hrsg.): Qualitätsorientierte Vergütungssysteme in der ambulanten und stationären Behandlung. 2001.

Band 45 Martin Pfaff / Dietmar Wassener / Astrid Sterzel / Thomas Neldner: Analyse potentieller Auswirkungen einer Ausweitung des Pharmaversandes in Deutschland. 2002.

Band 46 Eberhard Wille / Manfred Albring (Hrsg.): Konfliktfeld Arzneimittelversorgung. 2002.

www.peterlang.de

Peter Lang · Internationaler Verlag der Wissenschaften

Eberhard Wille / Klaus Knabner (Hrsg.)

Wettbewerb im Gesundheitswesen: Chancen und Grenzen

11. Bad Orber Gespräche
16.–18. November 2006

Frankfurt am Main, Berlin, Bern, Bruxelles, New York, Oxford, Wien, 2008.
188 S., zahlr. Abb. und Tab.
Allokation im marktwirtschaftlichen System.
Verantwortlicher Herausgeber: Eberhard Wille. Bd. 57
ISBN 978-3-631-57102-6 · br. € 27.50*

Dieser Band der Bad Orber Gespräche 2006 enthält die erweiterten Referate eines interdisziplinären Workshops zu den Chancen und Grenzen eines Wettbewerbs im Gesundheitswesen. Hier erörtern prominente Vertreter der Kassenärztlichen Vereinigung, der Krankenhausträger, der pharmazeutischen Industrie und der Wissenschaft die Themen funktionsfähiger Wettbewerb der Krankenkassen, zielorientierter Wettbewerb im Krankenhaussektor und selektive Vertragsgestaltung im Arzneimittelbereich.

Aus dem Inhalt: Kassenspezifische Positivlisten als Vertragsgrundlage · Funktionsfähiger Wettbewerb der Krankenkassen · Die künftigen Wettbewerbsparameter der gesetzlichen Krankenkassen · Direktverträge mit den Krankenkassen · Mittelfristige Preis- und Struktureffekte durch DRGs · Die künftige Krankenhauslandschaft · Finanzierungsreform und Kassenwettbewerb · Der morbiditätsorientierte Risikostrukturausgleich · Die Rolle der Krankenkasse bei der selektiven Vertragsgestaltung im Arzneimittelbereich · Der Wettbewerb als zielführendes Instrument im Gesundheitswesen

Frankfurt am Main · Berlin · Bern · Bruxelles · New York · Oxford · Wien
Auslieferung: Verlag Peter Lang AG
Moosstr. 1, CH-2542 Pieterlen
Telefax 0041 (0)32/3761727

*inklusive der in Deutschland gültigen Mehrwertsteuer
Preisänderungen vorbehalten
Homepage http://www.peterlang.de